Mohammed Nadeemuddin
Ateeq-ur Rahman

Mecanismo melhorado de proteção de dados para armazenamento em nuvem

Mohammed Nadeemuddin
Ateeq-ur Rahman

Mecanismo melhorado de proteção de dados para armazenamento em nuvem

Mecanismo de proteção de dados

ScienciaScripts

Imprint
Any brand names and product names mentioned in this book are subject to trademark, brand or patent protection and are trademarks or registered trademarks of their respective holders. The use of brand names, product names, common names, trade names, product descriptions etc. even without a particular marking in this work is in no way to be construed to mean that such names may be regarded as unrestricted in respect of trademark and brand protection legislation and could thus be used by anyone.

Cover image: www.ingimage.com

This book is a translation from the original published under ISBN 978-613-9-93637-3.

Publisher:
Sciencia Scripts
is a trademark of
Dodo Books Indian Ocean Ltd. and OmniScriptum S.R.L publishing group

120 High Road, East Finchley, London, N2 9ED, United Kingdom
Str. Armeneasca 28/1, office 1, Chisinau MD-2012, Republic of Moldova, Europe
Printed at: see last page
ISBN: 978-620-6-63652-6

ÍNDICE DE CONTEÚDOS

CAPÍTULO 1

INTRODUÇÃO

1.1 INTRODUÇÃO

O modelo de armazenamento no sistema de armazenamento em rede é o armazenamento em NUVEM, em que os dados são armazenados em conjuntos de armazenamento que serão geridos por terceiros. Há muitas vantagens em utilizar o armazenamento em nuvem. A mais notável é a acessibilidade dos dados. Os dados armazenados na nuvem podem ser ligados em qualquer lugar e em qualquer altura, desde que haja acesso à rede. As tarefas de preservação do armazenamento, como a aquisição de capacidade de armazenamento suplementar, podem ser transferidas para a responsabilidade de um prestador de serviços. Se Alice quiser partilhar um dado (por exemplo, um vídeo) com Bob, pode ser difícil para ela enviá-lo por correio eletrónico devido ao tamanho dos dados. Em vez disso, Alice carrega o ficheiro para um sistema de armazenamento em nuvem para que Bob o possa descarregar em qualquer altura.

Apesar da sua compensação, a externalização do armazenamento de dados também aumenta a área de superfície atingida num momento semelhante. Por exemplo, quando os dados são distribuídos, quanto maior for o número de locais onde são armazenados, maior é o risco de acesso físico não autorizado aos dados. Ao partilhar o armazenamento e as redes com muitos outros utilizadores, também é possível que outros utilizadores não autorizados acedam aos seus dados. Isto pode dever-se a acções erradas, equipamento defeituoso ou, por vezes, a intenções criminosas. Uma solução promissora para compensar o risco é a utilização de tecnologia de encriptação. A encriptação pode proteger os dados durante a sua transmissão de e para o serviço de nuvem. Pode ainda proteger os dados que estão armazenados no fornecedor de serviços.

Mesmo que haja um adversário não autorizado que tenha obtido acesso à nuvem, como os dados foram encriptados, o adversário não pode obter qualquer informação sobre o texto simples. A encriptação assimétrica permite que o encriptador utilize apenas a informação pública (por exemplo, a chave pública ou a identidade do recetor) para gerar um texto cifrado, enquanto o recetor utiliza a sua própria chave secreta para desencriptar. Este é o modo de cifragem mais conveniente para a transição de dados, devido à eliminação da gestão de chaves existente na cifragem simétrica. Maior proteção da segurança: numa encriptação assimétrica normal, existe uma única chave secreta que corresponde a uma chave pública ou a uma identidade. A descodificação do texto cifrado requer apenas esta chave. A chave é normalmente armazenada num computador pessoal ou num servidor de confiança e pode ser protegida por uma palavra-passe. A proteção de segurança é suficiente se o computador/servidor estiver isolado de uma rede de abertura. Infelizmente, não é isso que acontece na vida real. Quando está ligado ao mundo através da Internet, o computador/servidor pode correr o risco potencial de ser invadido por piratas informáticos que podem comprometer a chave secreta sem dar conhecimento ao proprietário da chave.

No aspeto da segurança física, o computador que armazena uma chave de desencriptação do utilizador pode ser utilizado por outro utilizador quando o utilizador original do computador (ou seja, o proprietário da chave) está ausente (por exemplo, quando o utilizador vai à casa de banho durante algum tempo sem trancar a máquina). Numa empresa ou colégio, a partilha da utilização dos computadores também é comum. Por exemplo, numa universidade, um computador público numa sala de fotocópias será partilhado com todos os estudantes do mesmo piso. Nestes casos, a chave secreta pode ser comprometida por alguns atacantes que podem aceder aos dados pessoais da vítima armazenados no sistema de nuvem.

Por conseguinte, é necessário reforçar a proteção da segurança, por analogia com a segurança da banca eletrónica. Muitas aplicações bancárias electrónicas exigem que o utilizador utilize uma palavra-passe e um dispositivo de segurança (dois factores) para aceder ao sistema de transferência de dinheiro. O dispositivo de segurança pode apresentar uma senha de uso único para permitir que o utilizador a introduza no sistema ou pode ser necessário para ligar ao computador (por exemplo, através de USB ou NFC). O objetivo da utilização de dois factores é reforçar a proteção da segurança do controlo de acesso.

À medida que a computação em nuvem se torna mais madura e há mais aplicações e serviços de armazenamento fornecidos pela nuvem, é fácil prever que a segurança para a proteção de dados na nuvem deve ser ainda mais reforçada. Os dados tornar-se-ão mais sensíveis e importantes, como na analogia com a banca eletrónica. Na realidade, verificamos que a conceção da cifragem de dois factores, que é uma das tendências da cifragem para a segurança dos dados.

1. Foi difundida em algumas aplicações reais, por exemplo, a encriptação total do disco com o sistema Ubuntu, a encriptação de dois factores da AT&T para smartphones,

2. Cofre eletrónico e encriptação de dados com base na nuvem,

3. No entanto, estas aplicações sofrem de um risco potencial de revogabilidade do fator que pode limitar a sua praticabilidade

1.2 OBJECTIVO DO PROJECTO

Esta abordagem proposta é um mecanismo de proteção de dados melhorado para a utilização da nuvem, empregando dois componentes. Neste sistema, o emissor envia uma mensagem cifrada a um recetor com a ajuda do mecanismo de nuvem. O remetente necessita de capturar a identificação do destinatário, mas não necessita de várias informações, nomeadamente um certificado ou uma chave pública. Para decifrar o texto cifrado, o recetor necessita de elementos.

O primeiro dado ou é um dispositivo único de proteção não pública ou algum dispositivo de hardware ligado ao sistema do computador portátil. O segundo é uma chave pessoal ou uma chave secreta armazenada no interior do computador. Sem estes elementos, o texto cifrado não pode ser decifrado. O componente importante é a perda ou roubo da ferramenta de segurança, então o texto cifrado não pode ser decifrado e a ferramenta de hardware é revogada ou cancelada para decifrar o conteúdo textual cifrado.

A avaliação do desempenho e da segurança mostra que o dispositivo é seguro, para além de ser aplicado na prática. O dispositivo utiliza um novo dispositivo de hardware. Para decifrar o conteúdo textual cifrado juntamente com a chave não pública. Este documento propõe uma abordagem de encriptação baseada na identidade e nos atributos para o armazenamento em nuvem, que pode ser implementada numa plataforma de nuvem. O registo analisa a viabilidade da aplicação do conjunto de políticas de encriptação para a segurança e confidencialidade dos dados no armazenamento em nuvem com todo o tipo de algoritmos modernos.

CAPÍTULO 2

PESQUISA BIBLIOGRÁFICA

Falsificação universal e substituição da chave pública do sistema SCLS

Na criptografia PKI, a redução do número de certificados elimina a necessidade de certificados e, devido ao problema inerente de depósito de chaves, resolve o problema da criptografia baseada na identificação. Recentemente, Du e Wen projectaram um esquema curto de assinatura sem certificado (SCLS) que não inclui o utilitário de hash Map To Point, e a dimensão da assinatura é suficientemente curta, com apenas metade da assinatura DSA. Neste artigo, depois de detalharmos a forma do esquema de assinatura sem certificado, mostramos que o esquema de assinatura sem certificado curto de Du-Wen é inseguro, pois é quebrado pela substituição das chaves públicas dos utilizadores, que tem um adversário do tipo I, e também não é possível resistir a um ataque de falsificação universal para terceiros utilizadores.

A assinatura curta sem certificado é uma ferramenta criptográfica útil nos sistemas ou dispositivos com um canal de baixa largura de banda e/ou baixo poder de computação, onde pode impedir o comportamento malicioso de KGC maliciosos mas passivos. Recentemente, Du e Wen propuseram um esquema CLS eficiente com um tamanho de assinatura mais curto e uma maior eficiência de computação sem a função de mapa Map To Point.

Neste manuscrito, mostrámos que o esquema CLS de Du-Wen é universalmente falsificável para qualquer terceiro e não resiste ao adversário do tipo I sob ataques de substituição de chaves públicas. Este resultado mostra que é possível que seja inseguro se combinar um esquema de assinatura determinístico padrão com outros sem certificado.

Longitude: um protocolo de comunicação de localização com preservação da ocultação para aplicações móveis

Os serviços divinos de repartição de locais estão a tornar-se cada vez mais populares. Embora muitos serviços divinos de repartição de localizações permitam que os utilizadores definam políticas de ocultação para controlar quem pode aceder ao seu local, a utilização feita pelos fornecedores de serviços continua a ser uma fonte de preocupação. Idealmente, os fornecedores de serviços de localização e os sistemas de software não deveriam poder aceder aos dados de localização dos utilizadores sem a sua aceitação.

Neste manuscrito, recomendamos um novo protocolo de comunicações de repartição da localização, denominado Longitude, que facilita a ocultação, tornando possível a repartição cega dos dados de localização de um utilizador e permitindo que este controle quem pode aceder à sua localização, quando e com que grau de precisão académica. Os algoritmos criptoanalíticos fundamentais são concebidos para telemóveis com GPS. Descrevemos e avaliamos a nossa execução para o telemóvel Android Nexus One.

Neste documento, propusemos um protocolo original de partilha de posições com preservação da privacidade, denominado Longitude. A caraterística mais importante do Longitude é a partilha da fonte para uma localização que apenas processa localizações encriptadas que não são capazes de desencriptar. Para diferentes receptores, suporta diferentes granularidades e uma gestão de chaves, computação e despesas de comunicação reduzidas. Além disso, o esquema de reencriptação proxy do Longitude é comprovadamente seguro e as funções criptográficas optimizadas para plataformas móveis. Foi implementado um protótipo em Java no telemóvel Android Nexus One e foram avaliados o tempo de CPU e o consumo de energia. Um tipo de política de privacidade que provou ser útil em serviços de partilha de localização são as políticas selectivas baseadas na localização.

Encriptação baseada na identidade com revogação eficiente

A codificação baseada na identidade (IBE) é uma alternativa agitada à codificação de chave pública, uma vez que a IBE aniquila a necessidade de uma estrutura de chave pública (PKS). Qualquer configuração, baseada em PKS ou em identidade, deve fornecer um meio de retirar os utilizadores do sistema. A anulação eficiente é um problema bem estudado no cenário convencional de PKS. No entanto, no contexto do IBE, tem havido pouco trabalho a considerar a mecânica da anulação. A solução mais difícil exige que os remetentes também usem períodos de tempo ao cifrar, e que todos os receptores (independentemente de as suas chaves terem sido acordadas ou não) actualizem as suas chaves individuais regularmente, contactando a autorização acreditada. Notamos que esta resposta não escala bem - à medida que o número de utilizadores aumenta, o trabalho de informação de chaves torna-se um ponto de estrangulamento. Propomos uma conivência IBE que melhora significativamente a eficiência da informação de chave do lado da parte comprometida (de linear para logarítmica no número de utilizadores), mantendo-se eficiente para os utilizadores. O nosso esquema baseia-se nas ideias do Foggy IBE arcaico e da disposição em árvore binária e é comprovadamente seguro.

Propusemos um esquema IBE com revogação eficiente, cuja complexidade das actualizações de chaves é significativamente reduzida (de linear para logarítmica no número de utilizadores) em comparação com a solução anterior. Discutimos numerosas variantes que atingem níveis de proteção diferentes. Também discutimos como construir um sistema de encriptação baseado em atributos com revogação de recursos. Os nossos esquemas devem ser particularmente úteis nos contextos em que está envolvido um grande número de utilizadores e a escalabilidade é um problema

Laminar: Controlo Prático do Fluxo de Informação por Desconcentração granular

O controlo desconcentrado do fluxo de informação é um exemplo promissor para a criação de um programa informático com garantias de segurança dominantes e de ponta a ponta. As disposições actuais do DIFC que funcionam em bom hardware de computador podem ser geralmente categorizadas em dois tipos: nível de linguagem e controlo do DIFC ao nível do sistema. As soluções ao nível da linguagem não oferecem garantias contra ataques à segurança dos recursos do sistema, como ficheiros e sockets. Os recursos do sistema que são indiretamente arbitrados pelos resultados do sistema operativo são um fluxo ineficaz de monitorização da informação através de sistemas de esquemas muito restritos. Este documento apresenta o Laminar, a preparação inicial para realizar a gestão desconcentrada do fluxo de informação utilizando um único conjunto de abstracções para os recursos do SO e os objectos atribuídos à pilha. Os programadores criam políticas de segurança marcando a informação com etiquetas de sigilo e integridade e, em regiões de segurança de âmbito lexical, acedem aos dados marcados. Laminar impõe as políticas de segurança especificadas pelas etiquetas em tempo de execução. O Laminar é aplicado utilizando um

Máquina prática Java e um novo módulo de segurança Linux. As verificações de segurança dinâmicas e as regiões de segurança limitadas facilitam a preparação incremental, o que é demonstrado pela composição, em quatro modelos de casos de aplicação, permitindo-nos adaptar as políticas DIFC. A troca das políticas de segurança ad-hoc das aplicações altera menos de 10% do código, e incorre em despesas gerais de funcionamento de 1% a 56%. Considerando que os programas multitenancy, que só são suportados de forma coordenada por sistemas DIFC anteriores, dados heterogeneamente rotulados que podem ser acedidos por uma classe mais geral de programas DIFC multithreaded que obedecem ao Laminar. O Laminar é o primeiro sistema DIFC a unificar os mecanismos PL e OS para a verificação do fluxo de informação. Fornece um modelo de programação natural para adicionar políticas de segurança poderosas e auditáveis a programas multithreading complexos existentes.

Reencriptação unidirecional de proxy seguro de texto cifrado escolhido

No ano de 1987, John e Randy projectaram uma antiguidade criptográfica chamada substituir com reencriptação, na qual um substituto transforma - sem ver o texto simples resultante - um texto cifrado computado sob a chave pública de Alice num outro que pode ser aberto usando a chave secreta de Bob. Recentemente, Canetti e Hohen Berger apresentaram uma descrição adequada da segurança do texto cifrado escolhido e uma estrutura que se adapta a este modelo. O seu sistema é bidirecional: a informação divulgada para desviar textos cifrados de Alice para Bob também pode ser utilizada para traduzir textos cifrados na direção oposta.

Neste manuscrito, apresentamos a primeira construção de um outro processo de reencriptação unidirecional com defesa particular de texto cifrado no modelo de referência (i.e. restrito de depender da glorificação casual do oráculo), que resolve uma complicação deixada em aberto no CCS'07. A nossa construção é eficiente e requer uma postulação de complicação lógica no grupo de mapas bilineares. À semelhança da estrutura de Hohenberger, garante a proteção de acordo com uma explicação tranquila do texto cifrado escolhido introduzida por Krawczyk e Nielsen. Com segurança de texto cifrado selecionado no modelo padrão, formámos o primeiro esquema de reencriptação substituto unidirecional. O nosso fluxograma exige e, bem como competente, uma declaração prática de intratabilidade em grupos bilineares. Em acumulação, praticamos as mesmas ideias para construir um esquema PRE seguro de texto cifrado escolhido com a atribuição impermanente

Sistema de criptografia sem certificado mediado para a segurança de dados em nuvem pública

A segurança é um problema sério na computação em nuvem. A encriptação é a solução para a segurança na nuvem. Existem muitas técnicas de encriptação. Cada uma tem os seus próprios méritos e deméritos. No caso da encriptação baseada na identidade, esta não tem mediador de segurança, tem chaves predefinidas e tem o problema do depósito de chaves e da revogação de certificados. O aparecimento de um esquema de encriptação sem certificado mediado elimina o problema do depósito de chaves e da revogação de certificados. Um esquema de encriptação sem certificado é um processo de invenção de chaves separado entre o utilizador e a nuvem. O proprietário das estatísticas do nosso sistema encripta os dados utilizando a sua chave não revelada. O proprietário dos dados encripta duas vezes a chave de segurança.

Cria chaves intermédias e envia estes dados cifrados e chaves intermédias para a nuvem. A nuvem desencripta de forma incompleta a chave intermédia e envia os dados desencriptados de forma incompleta e os dados encriptados para o utilizador necessário. O utilizador decifra os dados até certo ponto decifrados. Em seguida, o utilizador obtém a chave necessária para a desencriptação. Assim, o utilizador pode decifrá-los na totalidade. A principal vantagem do nosso sistema é que o proprietário dos dados pode enviar os mesmos dados a vários clientes com um custo mínimo.

Neste documento, propusemos uma nova encriptação sem certificados para armazenamento e partilha seguros na nuvem. É implementado utilizando AES e RSA. AES para encriptação de dados e RSA para encriptação de chaves. Criptografia de revogação de certificados em chave pública e dificuldade de chave de garantia em encriptação resolvida com base na identidade. O proprietário dos dados tem de encriptar os dados uma vez quando vários utilizadores querem aceder aos mesmos dados. E aqui combinamos AES e RSA. Obtemos as vantagens do AES e do RSA. Parece ser relativamente rápido.

Criptotermos com chave agregada para partilha escalável de dados no armazenamento em nuvem

A partilha de dados é um aspeto prático importante no armazenamento em nuvem. Neste artigo, mostramos como partilhar dados de forma firme, eficiente e flexível com outros no armazenamento em nuvem. Descrevemos um novo criptorquismo de chave pública que produz textos cifrados de tamanho constante, de modo a que seja possível uma atribuição bem organizada de privilégios de desencriptação para qualquer conjunto de textos cifrados. A singularidade é que se pode acumular qualquer conjunto de chaves não reveladas e torná-las tão densas como uma única chave, mas cercando a autoridade de todas as chaves que estão a ser agregadas.

De uma forma diferente, o detentor da chave arcanm pode produzir uma chave agregada de tamanho infinito para escolhas flexíveis de texto cifrado gravado no armazenamento em nuvem, outros ficheiros cifrados fora do conjunto permanecem secretos. Esta chave cumulativa comprimida pode ser praticamente enviada a outros ou ser guardada num cartão elegante com armazenamento seguro imperfeito. Concordamos com o analista de segurança formal dos nossos esquemas no modelo padrão. Também descrevemos outras aplicações dos nossos coniventes. Os nossos esquemas fornecem, em particular, a encriptação inicial de chave pública com garantia de segurança para flexíveis hierarquicamente, que ainda não era bem conhecida.

A forma de defender a privacidade dos dados dos utilizadores é uma questão central do armazenamento em nuvem. Com mais ferramentas numéricas, os esquemas criptoanalíticos estão a tornar-se mais variados e envolvem frequentemente várias chaves para uma única aplicação. Neste objeto, analisamos a forma de "compactar" chaves secretas em criptossistemas de chave pública que estabelecem a delegação de chaves secretas para várias classes de texto cifrado num armazenamento em nuvem. Independentemente de qual seja o conjunto de classes, a atribuição pode sempre obter uma chave agregada de tamanho constante. Uma nomeação hierárquica de chaves é mais flexível e só pode reivindicar espaços se todos os detentores de chaves partilharem um conjunto de privilégios relacionados.

Encriptação de chave pública com isolamento de chave semelhante sem oráculos aleatórios

A criptografia com isolamento de chave é uma técnica crucial para a proteção de chaves privadas. Para reforçar a segurança dos protocolos com isolamento de chaves, Imai e outros introduziram recentemente a proposta de encriptação com isolamento de chaves paralela (PKI), em que diferentes dispositivos fisicamente seguros (designados por auxiliares) são utilizados separadamente nas actualizações de chaves. A sua motivação era reduzir o risco de exposição dos ajudantes, diminuindo a frequência das suas ligações a ambientes inseguros.

Hanaoka et al. mostraram que não era trivial conseguir um esquema PCI-E que se ajustasse ao seu modelo e propuseram uma construção baseada no esquema de encriptação baseada na identidade (IBE) de Boneh-Franklin. A securitização da sua organização só foi examinada no modelo idealizado de oráculo aleatório. Nesta composição, permitimos uma estratégia bastante eficaz que é segura no modelo padrão (ou seja, sem oráculo aleatório). Para o fazer, começamos por mostrar a existência de uma relação entre a PCI-E e a noção de assinaturas totais (AS) sugerida por Boneh etal. Em seguida, ilustramos a nossa construção sem oráculo aleatório por meio de mapas bilineares. Ajudamos ambos os lados da cobertura, explicitamente a primeira compreensão de chave paralela isolada sem a idealização não sistemática e no lado teórico revelando as relações entre duas primitivas aparentemente não relacionadas.

Estabelecemos ligações entre a conceção da codificação paralela isolada por chave e certos criptossistemas baseados na identidade que utilizam assinaturas que suportam a agregação. Esta observação deixou a conceção de um sistema de segurança no modelo padrão.

Rumo a serviços de armazenamento seguros e fiáveis na computação em nuvem

O armazenamento em nuvem permite que os utilizadores acumulem os seus dados à distância e usufruam das aplicações de nuvem de alta qualidade a pedido, sem o fardo da administração local de hardware e software. O serviço está a abdicar da posse física dos utilizadores, embora os benefícios sejam claros em relação aos seus dados externalizados, o que inevitavelmente coloca novos riscos de segurança em relação à correção dos dados na nuvem. O endereço imoderado é um novo problema e, para além disso, para conseguir um serviço de armazenamento em nuvem seguro e consistente, apresentamos nesta brochura um mecanismo flexível de auditoria da unidade de armazenamento administrado, utilizando o token de homomorfia e dados distribuídos com códigos de apagamento.

O design pretendido permite aos utilizadores inspecionar o armazenamento em nuvem com um custo de comunicação e computação muito reduzido. O resultado da inspeção não só garante fisicamente a segurança do armazenamento na nuvem, como também permite a localização rápida de falhas nos dados, ou seja, a identificação de servidores com comportamento incorreto. Tendo em conta que os dados da nuvem são auto-motivados por natureza, a conceção pretendida suporta ainda operações dinâmicas seguras e eficientes em dados de externalização, para além da alteração, eliminação e adição de blocos. O analista de software mostra que o esquema pretendido é altamente bem organizado e resistente, adjacente ao perdedor bizantino, à alteração malévola dos dados para atacar e ainda aos ataques de conspiração do servidor.

Nesta composição, analisamos o problema da proteção de dados no armazenamento de dados na nuvem, que é essencialmente um sistema de armazenamento distribuído. Para alcançar as confidências da unidade e acessibilidade dos dados na nuvem e impor a qualidade de um serviço autêntico de armazenamento na nuvem para os utilizadores, pretendemos uma conivência distribuída eficaz e flexível com afirmação de dados dinâmicos explícitos, admitindo a atualização, eliminação e adição de blocos. Dependemos do código de ajuste de apagamento no planeamento da dispersão de ficheiros para fornecer vectores de paridade de redutivismo e garantir a fiabilidade dos dados.

Encriptação sem Certificado Geral e Encriptação de Libertação Temporizada

Mesmo que os recentes lançamentos temporizados sejam totalmente suportados por esquemas de sistemas de encriptação sem certificado, os modelos de segurança de ambos podem variar e não existe uma transformação comum de um CLE para um TRE. Isto dá um modelo generalizado para CLE que preenche os requisitos de TRE. Esta ilustração está protegida contra um adversário com capacidades de retirada adaptativa de alçapões para identificadores arbitrários, capacidades de desencriptação para chaves públicas arbitrárias e capacidades de desencriptação parcial. Também suporta identificadores hierárquicos. Sugerimos um esquema tangível sob o nosso modelo generalizado e provamos que está protegido sem oráculos aleatórios, produzindo o primeiro SMILE fortemente seguro e o primeiro no modelo padrão. Além disso, a nossa técnica de desencriptação parcial é diferente da abordagem anterior.

Os criptógrafos procuram e tentam obter a definição de segurança mais forte possível. Os modelos anteriores de encriptação sem certificado eram demasiado restritivos: não podiam dar as propriedades de segurança desejadas quando instanciados como encriptação de lançamento temporizado. O nosso modelo CLE generalizado suporta os requisitos do TRE.

CAPÍTULO 3

ANÁLISE DO SISTEMA

3.1 INTRODUÇÃO

O Ciclo de Vida de Desenvolvimento de Sistemas, ou Ciclo de Vida de Melhoria de Software em engenharia de sistemas, engenharia de software e sistemas de informação, é o método de criação ou alteração de sistemas, e os exemplos e análises metodológicas que as pessoas utilizam para desenvolver esses sistemas. Na engenharia de software, a conceção SILC está na base de muitos tipos de metodologias de crescimento de software. Estas metodologias constituem o modelo para planear e assegurar a criação de um sistema de informação no processo de desenvolvimento de software.

3.2 SISTEMA ACTUAL

Existe um princípio criptográfico denominado "encriptação resistente a fugas". A proteção do sistema continua a ser assegurada se a fuga da central secreta se limitar a determinados bits, de tal modo que o conhecimento desses bits não permita recuperar a totalidade da chave secreta. No entanto, embora a utilização de primitivas resistentes a fugas possa salvaguardar a fuga de certos bits, existe outra limitação prática. Suponhamos que colocamos parte da chave secreta no dispositivo de segurança. Infelizmente, o dispositivo é roubado.

O utilizador exige a obtenção de um dispositivo de substituição para poder continuar a desencriptar a sua chave secreta correspondente. A solução mais simples consiste em recriar os mesmos bits (como no dispositivo roubado) para o novo dispositivo através do gerador de chaves privadas (PKG). Esta abordagem pode ser facilmente conseguida. No entanto, existe um risco de segurança. Quando a outra parte da chave secreta é armazenada, o adversário (que roubou o dispositivo de segurança) também pode entrar no computador e decifrar todo o texto cifrado correspondente ao utilizador vítima. A forma mais segura de o fazer é verificar a validade do dispositivo de segurança roubado.

3.3 INCONVENIENTE DO SISTEMA ACTUAL:

1. Se um cliente perder o seu dispositivo de segurança, o seu consequente texto cifrado na nuvem não pode ser decifrado para sempre. Por conseguinte, esta abordagem não pode cumprir a atualização/revogabilidade do dispositivo de segurança

2. O remetente precisa de saber o número de série/chave pública do dispositivo de segurança, para além da identidade/chave pública do utilizador. Isto torna o processo de encriptação mais complicado.

3.4 SISTEMA PROPOSTO

Neste artigo, propomos um novo mecanismo de segurança de dois factores para dados armazenados na nuvem. O nosso mecanismo permite as seguintes características interessantes:

1) O nosso sistema é um mecanismo baseado em IBE (Identity-based encoding). Ou seja, o transmissor só precisa de conhecer a identidade do recetor para lhe enviar um dado cifrado (texto cifrado). Não são esperadas outras informações sobre o destinatário (por exemplo, chave pública, certificado, etc.). Em seguida, o transmissor envia o texto cifrado para a nuvem, onde o destinatário o pode descarregar em qualquer altura.

2) O nosso sistema fornece proteção de encriptação de dois factores. Para decifrar os dados armazenados na nuvem, o utilizador tem de possuir duas coisas. Em primeiro lugar, o utilizador tem de ter a sua chave arcanum, que está armazenada no computador. Em segundo lugar, o utilizador precisa de ter um dispositivo de segurança pessoal singular que será utilizado para se ligar ao computador (por exemplo, USB, Bluetooth e NFC). Não é possível decifrar o texto cifrado sem qualquer um destes elementos.

3) Mais importante ainda, o nosso sistema, pela primeira vez, prevê a revogabilidade do dispositivo de segurança (um dos factores). Quando o dispositivo de proteção é roubado ou dado como perdido, este dispositivo é revogado. Para facilitar, através deste dispositivo já não se pode decifrar nenhum texto cifrado (correspondente ao utilizador) em nenhum incidente. A nuvem executará sem demora alguns algoritmos para alterar o texto cifrado existente de modo a poder ser decifrado por este dispositivo. Se o cliente quiser utilizar o seu novo dispositivo/substituição (juntamente com a sua chave secreta) para decifrar o seu texto cifrado, este processo é completamente transparente para o remetente.

3.5 VANTAGENS DO SISTEMA ACTUAL:

1. Aumenta a privacidade dos dados, mas também oferece a revogabilidade do dispositivo pelo nosso resultado. Assim, quando o dispositivo for revogado, o texto cifrado subsequente será atualizado roboticamente pelo servidor da nuvem sem qualquer aviso ao proprietário dos dados.

2. O servidor de nuvem não pode decifrar nenhum texto cifrado em nenhum momento

3.6 MODELO DE PROCESSO UTILIZADO COM JUSTIFICAÇÃO

SDLC (Modelo de guarda-chuva):

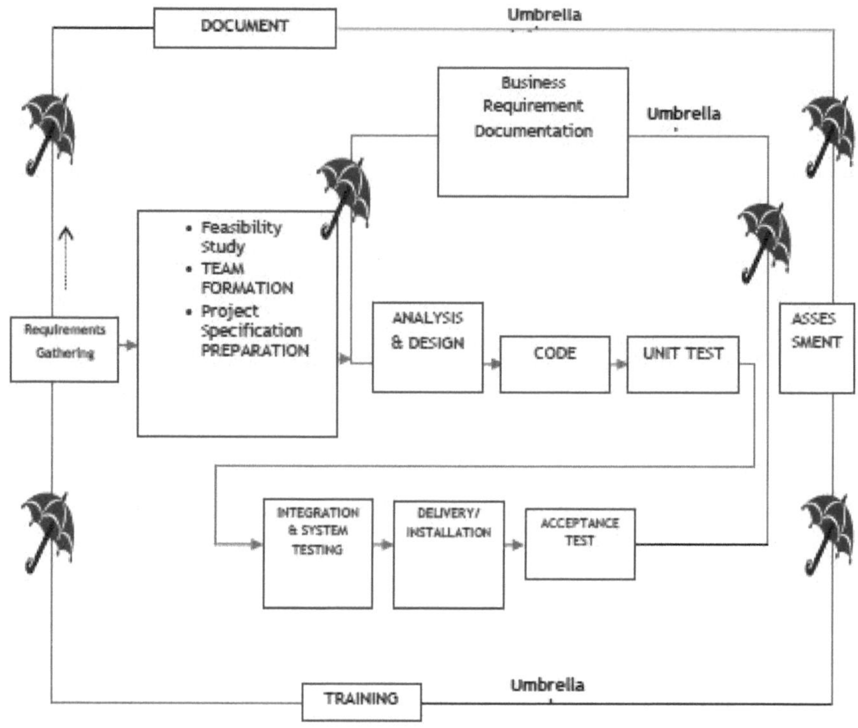

O SDLC não é mais do que o Ciclo de Vida de Desenvolvimento de Software. Trata-se de uma norma utilizada pela indústria de software para desenvolver software de qualidade.

FASES EM SDLC:

- Recolha de requisitos

- Análise

- Conceção

- Codificação

- Ensaios

- Manutenção

3.7 FASE DE RECOLHA DE REQUISITOS:

O procedimento de recolha de pedidos toma como entrada os objectivos indicados na secção de pedidos de alto nível do plano de conceção. Cada objetivo será refinado num conjunto de requisitos. Estes requisitos definem as principais ocasiões da aplicação pretendida, determinam as áreas de dados operacionais e as áreas de dados de endereço, e definem as entidades de dados iniciais. As funções principais incluem procedimentos vitais a serem supervisionados, bem como entradas, saídas e relatórios críticos. Uma hierarquia de classes de utilizadores é desenvolvida e associada a estas funções principais, áreas de dados e entidades de dados. Cada uma destas definições é designada por requisito. Os requisitos são designados por símbolos de requisitos únicos e, no mínimo, contêm um título de necessidade e uma descrição textual.

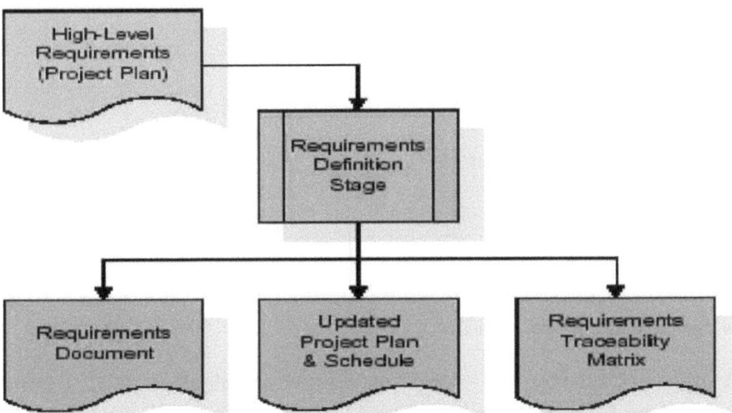

Estas exigências são descritas na íntegra nas principais produções desta fase: os Documentos de Requisitos e a Matriz de Rastreabilidade de Requisitos (RTM). Os documentos de requisitos contêm uma descrição completa de cada requisito, incluindo diagramas e referências a documentos externos, se necessário. Note-se que as listas elaboradas de tabelas e campos da base de dados *não* estão incluídas no documento de requisitos.

O título de cada requisito é também colocado na primeira interpretação do RTM, juntamente com o título de cada fim do plano do projeto. A principal causa é mostrar que os componentes do produto desenvolvidos durante cada fase do ciclo de vida de melhoria do software estão legitimamente associados aos componentes desenvolvidos nas fases anteriores.

No nível dos requisitos, o RTM consiste numa lista de requisitos de alta altitude, ou objectivos, por título, com uma lista de requisitos ligados a cada objetivo, ordenados por título de requisito. Nesta listagem hierárquica, o RTM mostra que cada necessidade desenvolvida durante esta fase está formalmente ligada a um objetivo específico do produto. Neste formato de dados, cada requisito pode ser associado a um objetivo específico do produto, daí o termo requisitos rastreáveis.

O produto final do nível de definição das necessidades inclui o documento de requisitos, o RTM e um programa de projeto atualizado.

♦ Um estudo de viabilidade consiste na identificação dos problemas de um projeto.

♦ O número de funcionários necessários para gerir um projeto é representado como Formação de painéis, nesta pasta, apenas os módulos são tarefas individuais que serão atribuídas aos funcionários que estão a trabalhar nesse projeto.

♦ As especificações do projeto não são mais do que a demonstração das diferentes entradas possíveis que são submetidas ao servidor e das saídas consequentes, juntamente com os relatórios mantidos pelo administrador.

3.8 Especificação de requisitos de software

3.8.1. Descrição geral

Especificação de requisitos de sistemas:

Uma coleção de informações estruturadas que especifica os requisitos de um sistema. Um analista de negócios, por vezes designado por analista de sistemas, é responsável por verificar as necessidades comerciais dos seus clientes, identificar os problemas comerciais que foram ajudados pelas partes interessadas e propor soluções

Um analista de empresa, por vezes designado por <u>analista de sistemas,</u> é responsável por examinar os requisitos comerciais dos seus clientes e partes interessadas para ajudar a reconhecer problemas comerciais e propor soluções.

Juntamente com o domínio do ciclo de vida da melhoria dos sistemas, o BA desempenha, em média, uma função de ligação entre a área de negócio de uma empresa e os prestadores de serviços externos ou o departamento de tecnologias da informação. A conceção está sujeita a três tipos de requisitos:

• O fato de negócios representa uma consideração de negócios que deve ser suportada ou realizada para fornecer valor.

• O produto necessário descreve as propriedades de um sistema ou produto (que pode ser uma das várias formas de cumprir um conjunto de requisitos comerciais).

• Actividades realizadas pelas organizações de desenvolvimento descritas pelos requisitos do processo. Por exemplo, poderia ser especificado.

• Viabilidade, a probabilidade de o sistema ser útil para a organização. O principal objetivo do estudo de viabilidade é testar a possibilidade técnica, operacional e económica de dar novos módulos e corrigir o sistema antigo em funcionamento. Todas as estruturas são possíveis se os recursos forem ilimitados e o tempo infinito. Há aspectos da parte de revisão de probabilidades da investigação introdutória:

REQUISITOS NÃO FUNCIONAIS

Atributos de qualidade do software

- **A fiabilidade** do sistema é fiável e produz resultados exactos graças à aplicação de medidas de segurança. A segurança é assegurada através da utilização de proteção por palavra-passe, libertação quando o tempo limite expira, etc., utilizando estas tecnologias o sistema torna-se mais seguro e mais autêntico.

- **A manutenção** do sistema será concebida como um sistema fechado. Podem ser facilmente acrescentados novos métodos com poucas ou nenhumas alterações na arquitetura existente.

- **A portabilidade** do dispositivo deve ser portátil. Pode ser espalhado em qualquer plataforma Windows e utilizado.

- A proteção da **segurança** dos recursos baseados em máquinas de computação, incluindo hardware, software, dados, procedimentos e pessoas contra a utilização não autorizada ou desastres naturais, é conhecida como segurança do sistema.

- **A integridade do sistema** refere-se ao funcionamento anterior do hardware e dos programas, à segurança física adequada e à segurança contra ameaças externas, como escutas e escutas telefónicas.

- **A privacidade** define o direito do utilizador ou das organizações de determinarem que informação estão dispostos a partilhar com ou a assumir de outros e como a organização pode ser confinada adjacente à disseminação indesejada, injusta ou desnecessária de informação sobre si.

Os actuais sítios de correio instantâneo e de rede mista não estão bem equipados para detetar mensagens suspeitas, mas são utilizados para o envio de mensagens instantâneas e para conferências de vídeo e áudio. No entanto, é necessário monitorizar estas mensagens instantâneas e os SNS devido ao aumento diário dos crimes electrónicos no ciberespaço.

- O sistema proposto detecta as palavras suspeitas durante uma conversa em linha.

- O sistema que proponho foi concebido para monitorizar e apanhar os culpados/criminosos no ciberespaço que possam conduzir a uma ameaça cibernética.

- Eficaz na identificação dos detalhes do perfil, como o ID do e-mail, o número de telefone e outras informações relevantes.

- O sistema proposto permite calcular a taxa de precisão para diferentes tipos de ameaças ao domínio.

- São enviadas diferentes mensagens de amostra de conteúdos gerados pelo utilizador para detetar palavras suspeitas em 8 casos de teste.

- O sistema SMD gera um relatório sobre os culpados que ajuda o departamento de criminalidade eletrónica.

3.8.2. Requisitos da interface externa

Interface do utilizador

A interface do utilizador deste sistema é uma interface gráfica de utilizador Java de fácil utilização.

Interfaces de hardware

A interação entre o utilizador e a consola é conseguida através de capacidades Java.

Interfaces de software

O software necessário é o JAVA1.6.

Ambiente operacional

Windows XP, Linux.

CAPÍTULO 4

CONCEPÇÃO DO SISTEMA

4.1 Diagramas UML

A Terminologia de Padrões Interligados permite ao programador exprimir um modelo de pensamento analítico utilizando a anotação de padrões que é regida por um conjunto de regras sintácticas, semânticas e práticas.

Um Sistema de Modelo Unificado é constituído por cinco pontos de vista diferentes que representam o sistema de regras de uma perspetiva claramente diferente. Cada vista é determinada por um conjunto do diagrama, que é o seguinte.

- **Perspetiva do modelo do utilizador**

    i. Esta visão estabelece o sistema do ponto de vista do utilizador.

    ii. A representação psicológica de profundidade descreve um pressuposto de utilização do ponto de vista dos utilizadores finais.

- **Perspetiva do modelo estrutural**

    i. Neste exemplo, os dados e o carácter prático são obtidos a partir do interior do sistema de regras.

    ii. Esta perspetiva de modelo enquadra as estruturas imóveis.

- **Modelo de perspetiva comportamental**

    Constitui a dinâmica do comportamento como partes do sistema, descrevendo as interacções do conjunto entre vários elementos geomórficos representados na perspetiva do modelo do utilizador e do modelo geomórfico.

- **Modelo de perspetiva de implementação**

    Neste caso, as partes geomórficas e comportamentais do sistema são constituídas para progredir.

- **Modelo de perspetiva ambiental**

    Neste, é constituída a visão geomórfica e comportamental do ambiente em que o sistema será aplicado.

4.2 DIAGRAMA DE CLASSES:-

A categoria diagramática é o conceito principal da modelação de objectos pontuais. É utilizada tanto para a modelação concetual universal da sistemática da aplicação, como para a elaboração de um padrão que permita compreender os modelos no código de programação. Também pode ser utilizado para o padrão de dados. As classes num diagrama de classes são os objectos principais, as interacções no revestimento e as classes a programar. Uma classe com 3 secções, no diagrama, as classes são representadas com um pacote que compreende três partes:

- A parte superior contém o nome da classe

- A parte intermédia constitui os atributos da categoria

- A parte inferior indica os métodos ou operações que a classe pode adotar ou contrair

DIAGRAMA DE CLASSE:

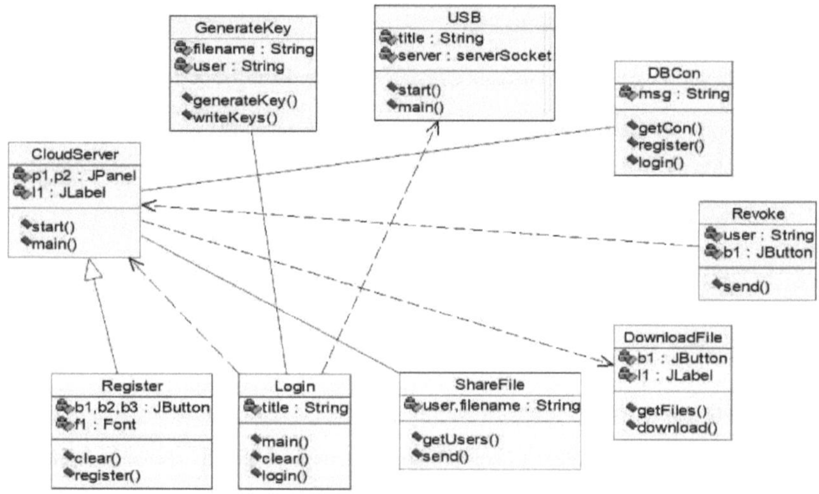

4.3 DIAGRAMA DE CASOS DE UTILIZAÇÃO:-

Um **diagrama**, na sua forma mais elementar, é uma delegação da interação de um utilizador com o sistema e representa as especificações de um caso de utilização. Um diagrama de casos de utilização pode representar os diferentes tipos de utilizadores de um sistema e as várias formas como estes se comportam com o sistema.

4.4 DIAGRAMA SEQUENCIAL:

Um diagrama sequencial é um tipo de diagrama de interação fundamental que demonstra como os processos funcionam uns com os outros e em que ordem. É uma construção de um diagrama sequencial de mensagens. Um diagrama sequencial mostra interacções de objectos organizadas numa sequência temporal. Coincide com os objectos e classes envolvidos na conjetura e com a sequência de mensagens trocadas entre os objectos necessária para levar a cabo a praticidade do cenário. Os diagramas sequenciais estão normalmente associados à atualização de casos de utilização na visão coerente do sistema em desenvolvimento.

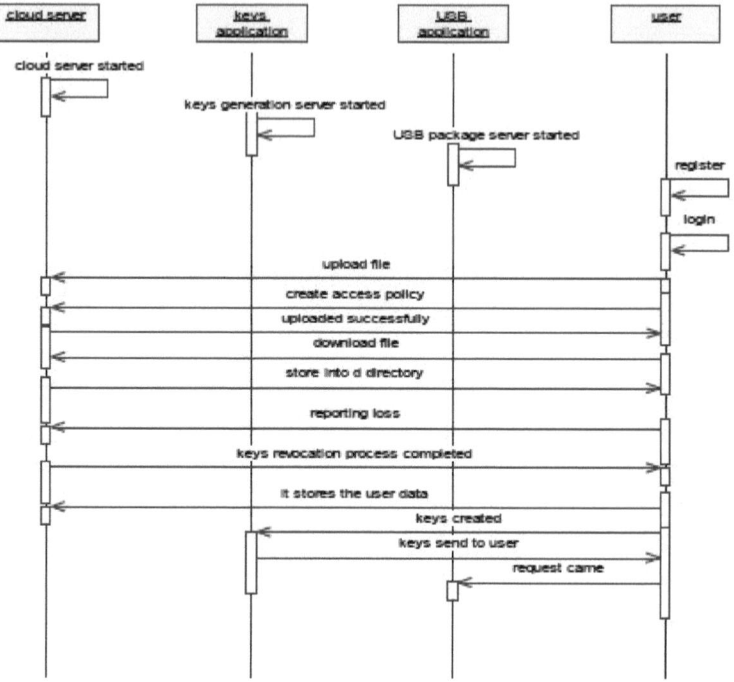

Um diagrama de coação descreve as interacções entre objectos em termos de mensagens sequenciais. A representação dos diagramas de coação é uma mistura de informações obtidas a partir de diagramas de classes, sequenciais e de casos de utilização que descrevem a estrutura estática e o comportamento vibrante de um sistema.

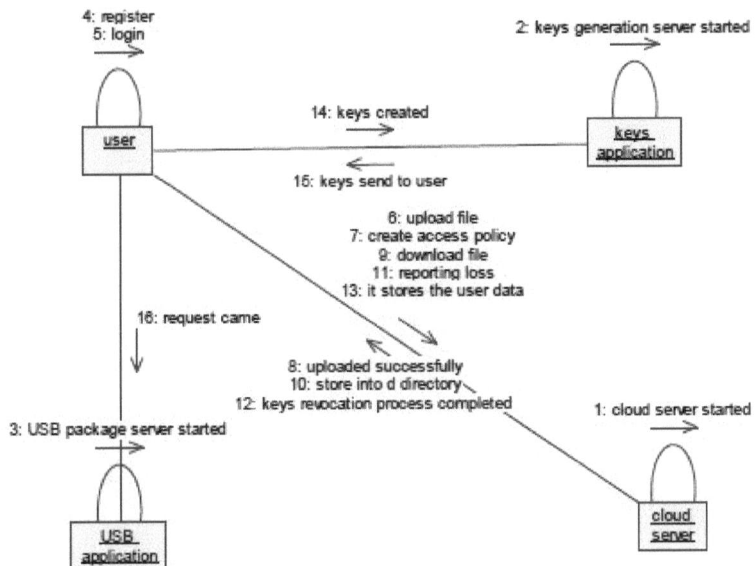

4.6 DIAGRAMA DE COMPONENTES:

Na Linguagem de Modelação Integrada, a ilustração de um módulo mostra como os componentes são agrupados para formar componentes de peso excessivo e sistemas de software.

Através da utilização de um conetor de montagem, os componentes são ligados em conjunto para conectar a borda necessária de um componente com a interface fornecida por um componente diferente. Isto exemplifica a relação entre o utilizador do serviço e o fornecedor do serviço entre os dois componentes.

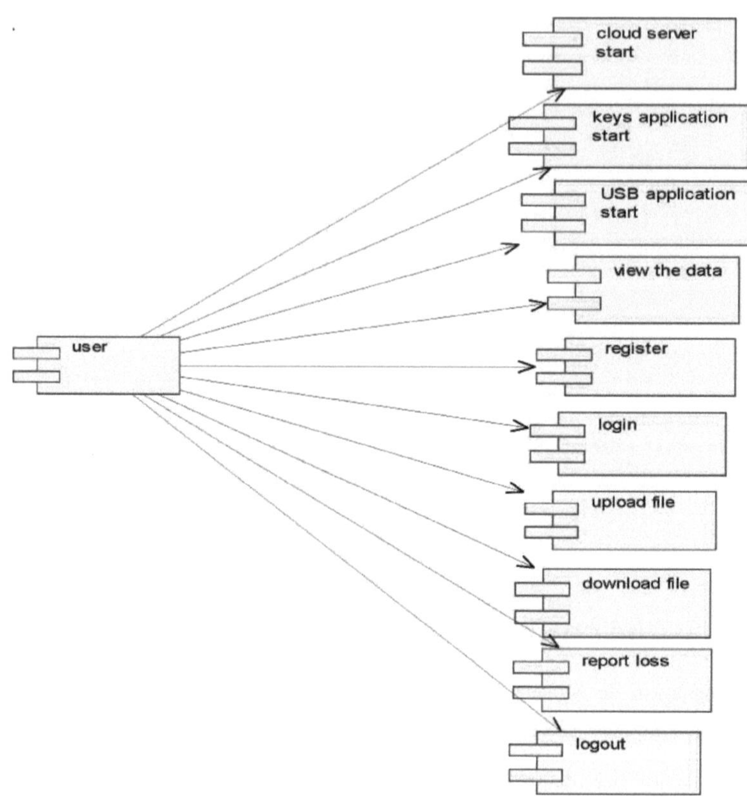

4.7 DIAGRAMA DE IMPLANTAÇÃO

Um diagrama de preparação na UML modela a implantação física de artifícios em nós. Cada nó de um diagrama de preparação pode representar concetualmente vários nós forçados, como um conjunto de servidores de bases de dados.

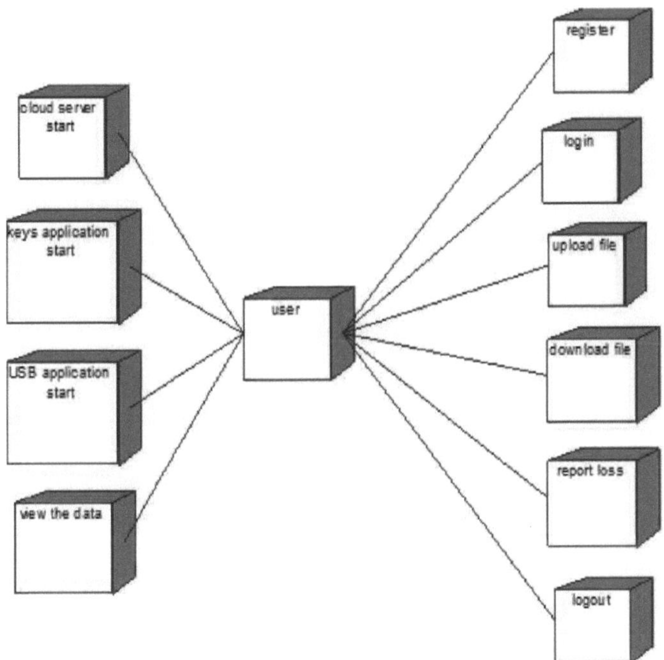

4.8 DIAGRAMA DE ACÇÃO

O diagrama de acções é outro diagrama importante em UML para representar a expressão dinâmica do sistema. É basicamente um diagrama de fluxo para constituir o fluxo de uma ação para outra ação. A ação pode ser representada como um procedimento do sistema.

Assim, o fluxo de garantia é desenhado de uma operação para outra. Este fluxo pode ser em série, ramificado ou simultâneo.

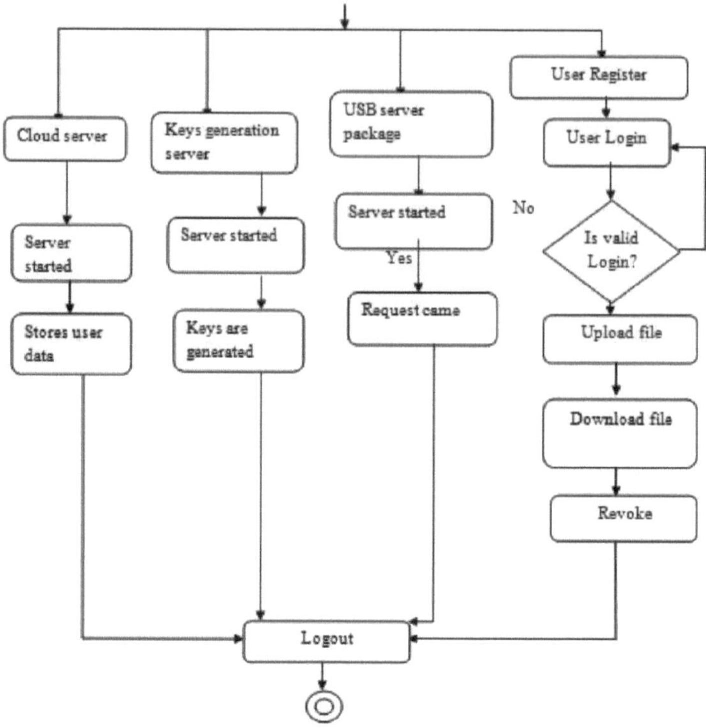

4.9 DIAGRAMA DE FLUXO DE DADOS:

O diagrama de fluxo de dados ilustra a forma como os dados são processados por um sistema em termos de entradas e saídas.

O procedimento começa com uma visão geral da empresa e continua com a análise de cada uma das áreas funcionais de interesse. Este exame pode ser efectuado exatamente com o nível de detalhe necessário. A técnica explora um método chamado expansão descendente para conduzir a análise de uma forma direccionada.

O Fluxo de Dados (FD) é um exemplo que explica a passagem de informação num processo. Um DFF pode ser bem desenhado utilizando símbolos simples. Para além disso, os processos complexos podem ser automatizados sem dificuldade através da criação de DVDs utilizando ferramentas acessíveis e gratuitas de diagramação descarregáveis. Um DF é uma representação de processos de construção e análise em sequência.

Os DF ilustram o fluxo de dados num processo que depende das entradas e saídas. Um DF também pode ser referido como um Modelo de Progressão. Um DF demonstra um processo empresarial ou tecnológico com a afirmação dos dados externos guardados, mais o fluxo de dados do processo para outro e os resultados da conclusão

Aqui, o diagrama do fluxo de dados mostra o fluxo do utilizador para a implementação do cliente. Assim, aqui o servidor em nuvem actua como um servidor remoto no seguinte diagrama de fluxo.

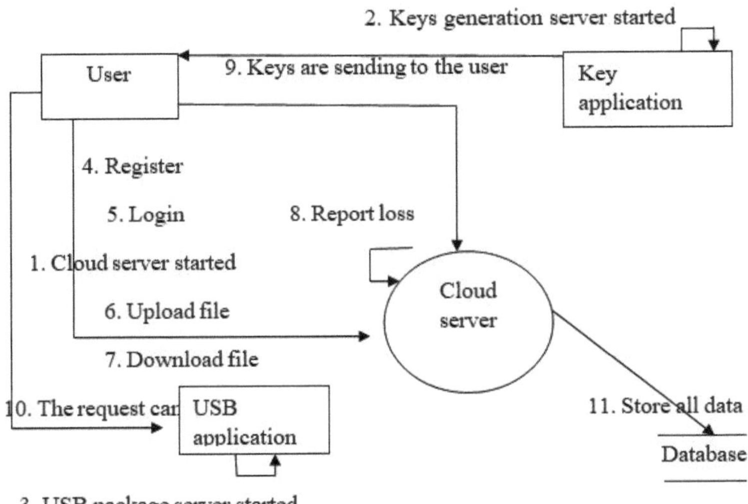

CAPÍTULO 5

IMPLEMENTAÇÃO

5.1 TECNOLOGIAS UTILIZADAS

COMPILAÇÃO DE CÓDIGO

Quando compila o código, o compilador Java cria código de máquina (chamado bytecode) para uma máquina hipotética chamada Java Virtual Machine (JVM). A JVM é suposto executar o bytecode. A JVM é criada para ultrapassar a questão da probabilidade. O código é escrito e compilado para uma máquina e interpretado em todas as máquinas. Esta máquina é designada por Máquina Virtual Java.

Compilação e interpretação do código fonte java.

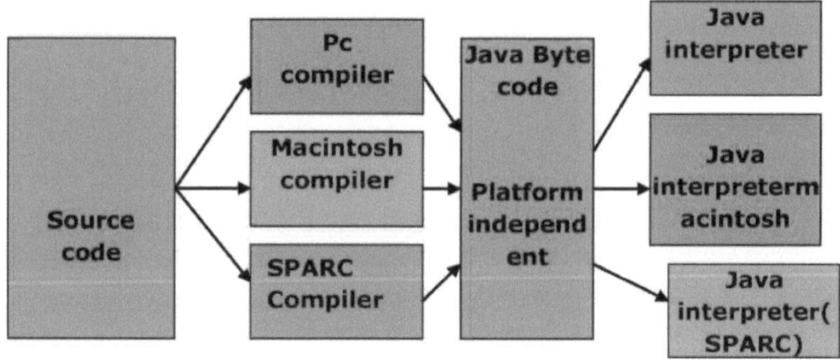

Durante o período de tempo de execução, o intérprete de Java actua sobre o ficheiro bytecode, considerando que este está a ser executado numa máquina fundamental Java. Inautenticidade, pode tratar-se de um sistema operativo Intel Pentium Windows 95 ou Sun SPARC Station Administration Solaris ou Apple Macintosh e todos podem receber código de qualquer computador através da Internet e executar os Applets.

AWT E BALOIÇOS:

AWT:

INTERFACE GRÁFICA DO UTILIZADOR:

A interface é o componente de um programa que interage com o utilizador do programa. A GUI é um tipo de interface de utilizador que permite aos utilizadores interagir com o dispositivo através de imagens em vez de comandos de texto. A linguagem de programação Java fornece uma biblioteca de classes, conhecida por Abstract Windowpane Toolkit (AWT), para escrever programas.

O Abstract Windowpane Toolkit (AWT) engloba várias aplicações gráficas que podem ser adicionadas e posicionadas na área de visualização através de um gestor de layout.

Tal como a linguagem, o AWT não é um programa autónomo. O AWT aplica o objeto do sistema para construir widgets gráficos. O AWT fornece um conjunto de ferramentas para o projeto de interface gráfica do utilizador. O desempenho do módulo de interface do utilizador fornecido pelo AWT é feito com o conjunto de ferramentas GUI nativo de cada plataforma. Uma das consequências do AWT é que o aspeto e a sensação de cada plataforma podem ser preservados.

5.2 COMPONENTES:

Uma GUI é constituída por elementos gráficos denominados componentes. Um módulo é um objeto que reconhece uma representação gráfica que pode ser apresentada no ecrã e que pode trabalhar em conjunto com o utilizador. Os componentes permitem que o utilizador interaja com o programa e forneça o input ao programa. No AWT, todos os componentes da interface do utilizador são instâncias da classe Componente ou de um dos seus subtipos. Os componentes do dispositivo incluem pormenores como botões, barras de deslocamento e campos de texto.

5.2.1 TIPOS DE COMPONENTES

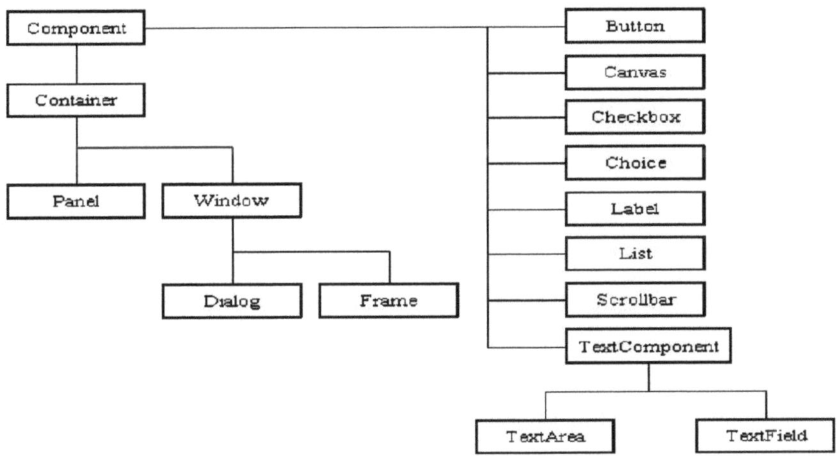

Antes de avançarmos, temos de saber o que são contentores. Depois de aprendermos o que são contentores, aprendemos todos os componentes em pormenor.

5.3 CONTENTORES

Os elementos não são autónomos, mas sim base de contentores. Para tornar os componentes visíveis, é necessário adicionar todos os factores ao contentor. Os contentores contêm e asseguram a disposição de um fator. No AWT, todos os contentores são ilustrados pela classe Container ou por um dos seus subtipos. Os componentes devem caber completamente dentro do contentor que os contém. Para adicionar uma parte ao instrumento, utilizaremos o método add().

5.3.1 TIPOS DE CONTENTORES:

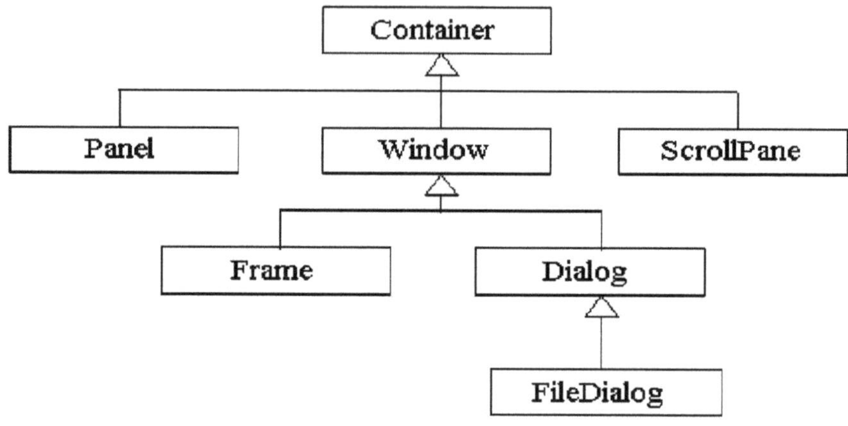

5.4 GUI DE LÓGICA BÁSICA:

A aplicação GUI ou applet é produzida em três etapas. Estas são:

- Adicione elementos a objectos de contentor para criar a sua GUI.

- Em seguida, é necessário configurar os manipuladores de efeitos para a interação do utilizador com a GUI.

- Apresentar explicitamente a GUI da aplicação.

O tradutor inicia um novo segmento para a interação do utilizador quando é apresentada uma GUI AWT. Quando um evento é experimentado por esta nova thread, como um clique do rato, o premir de uma tecla, etc., um dos manipuladores de efeitos é chamado pela nova thread criada para a GUI. Um ponto importante a ser lembrado aqui é que o criptograma do manipulador de eventos é executado dentro da thread.

5.6 CRIAR UMA MOLDURA:

MÉTODO1:

No primeiro método, vamos criar uma moldura estendendo a classe Frame que está definida no pacote java.awt. O programa seguinte demonstra a criação de uma moldura.

```java
import java.awt.*;

public class FrameDemo1 extends Frame
{
    FrameDemo1()
    {
        setTitle("Label Frame");
        setVisible(true);
        setSize(500,500);
    }
    public static void main(String[] args)
    {
        new FrameDemo1 ();
    }
}
```

No programa acima, estamos a utilizar três métodos:

setTitle: Para definir o título da moldura, utilizaremos este método. Recebe String como argumento, que será o nome do título.

SetVisible: Para tornar a nossa moldura visível, utilizaremos este método. Este método recebe o valor booleano como argumento. Se passarmos true então a janela ficará visível, caso contrário a janela não ficará visível.

SetSize: Para definir o tamanho da janela, utilizaremos este método. O primeiro argumento é a largura da moldura e o segundo argumento é a altura da moldura.

MÉTODO 2:

Neste método, estaremos a criar a instância da classe Frame para criar a janela frame. O programa a seguir demonstra o Método 2.

```java
import java.awt.*;

public class FrameDemo2
{
        public static void main(String[] args)
        {
                Frame f = new Frame();
                f.setTitle("My first frame");
                f.setVisible(true);
                f.setSize(500,500);
        }
}
```

5.7 TIPOS DE COMPONENTES:

1) RÓTULOS :

Este é o componente simples do Java Abstract Window Toolkit. Este componente tem por objetivo mostrar a edição de texto ou a cadeia de caracteres na sua aplicação e a etiqueta nunca executa qualquer tipo de ação.

```java
Label l1 = new Label("One");

Label l2 = new Label("Two");

Label l3 = new Label("Three",Label.CENTER);
```

Nas três linhas acima, produzimos três etiquetas com a nomeação "um, dois, três". Na terceira etiqueta, autorizámos dois argumentos. O segundo argumento é a justificação da etiqueta. Agora, depois de criar os componentes, vamos adicioná-los ao contentor.

```java
add(l1);

add(l2);

add(l3);
```

Podemos colocar ou modificar a transcrição numa etiqueta utilizando o método **setText( )**. Você pode obter o rótulo atual chamando **getText( )**. Esses métodos são mostrados aqui:

```java
void setText(String str)

String getText( )
```

2) BOTÃO :

Este é o componente do Java Abstract Window Toolkit e é utilizado para desencadear acções e outros eventos necessários à sua aplicação. A definição do botão é a seguinte :

Button l1 = new Button("One");

Button l2 = new Button("Two");

Button l3 = new Button("Three");

Podemos modificar a etiqueta do Button ou obter o texto da etiqueta utilizando o método Button.setLabel(String) e Button.getLabel().

3) CHECKBOX:

Checkbox Win98 = new Checkbox("Windows 98/XP", null, true);

Checkbox winNT = new Checkbox("Windows NT/2000");

Checkbox solaris = new Checkbox("Solaris");

Checkbox mac = new Checkbox("MacOS");

Para recuperar o estado atual de uma caixa de verificação, chame **getState( )**. Para definir o seu estado, chame **setState( )**. Pode detetar a ligação da etiqueta atual a uma caixa de verificação, chamando **getLabel( )**. Para definir a etiqueta, chame **setLabel( )**.

Estes métodos são os seguintes:

boolean getState( )

void setState(boolean *on)*

String getLabel( )

void setLabel(String *str)*

Aqui, se *uma* for **verdadeira**, a caixa é assinalada. Se for **falso**, a caixa é desmarcada. A cadeia de caracteres passada em *str* torna-se a nova etiqueta associada à caixa de verificação que a invoca.

4) BOTÃO:

CheckboxGroup cbg = new CheckboxGroup();

Checkbox Win98 = new Checkbox("Windows 98/XP", cbg , true);

Checkbox winNT = new Checkbox("Windows NT/2000",cbg, false);

Checkbox solaris = new Checkbox("Solaris",cbg, false);

Checkbox mac = new Checkbox("MacOS",cbg, false);

Para o botão de rádio, utilizaremos a classe CheckBox. A única diferença entre as caixas de verificação e o botão de rádio é que, nas caixas de verificação, especificaremos null para o grupo de caixas de verificação, mas, no botão de rádio, especificaremos o objeto do grupo de caixas de verificação no segundo parâmetro.

5) ESCOLHAS:

A classe alternativa é utilizada para gerar uma lista pop-up de objectos entre os quais o utilizador pode escolher. Assim, um controlo de Escolha é uma forma de menu. A sintaxe para criar uma escolha é a seguinte:

```
Choice os = new Choice();
/* adding items to choice */
os.add("Windows 98/XP");
os.add("Windows NT/2000");
os.add("Solaris");
os.add("MacOS");
```

Vamos criar uma escolha com a ajuda da classe Choice. A lista pop-up será criada com a criação do objeto, mas não terá quaisquer itens. Para adicionar itens, utilizaremos add()

Um método definido na classe Choice. Para concluir que item está atualmente selecionado, pode chamar **getSelectedItem( )** ou **getSelectedIndex( )**. Esses métodos são mostrados aqui:

```
String getSelectedItem( )
int getSelectedIndex( )
```

O método **getSelectedItem( )** devolve uma cadeia de caracteres que contém o nome do item. **getSelectedIndex( )** devolve o índice do item. O primeiro item está no índice 0. Por predefinição, o primeiro item adicionado à lista é selecionado.

5) LISTA:

A classe List também é igual a uma escolha, mas a única diferença entre a lista e a escolha é que, na escolha, o utilizador pode selecionar apenas um item, enquanto na lista o utilizador pode selecionar mais do que um item. A sintaxe para criar uma lista é a seguinte:

```
List os = new List(4, true);
```

O primeiro argumento no construtor List especifica o número de itens permitidos na lista. O segundo argumento especifica se são permitidas ou não selecções múltiplas.

```
/* Adding items to the list */
os.add("Windows 98/XP");
os.add("Windows NT/2000");
os.add("Solaris");
os.add("MacOS");
```

Na lista, podemos obter os itens seleccionados pelos utilizadores. Na seleção múltipla, o utilizador selecciona vários valores e, para recuperar todos os valores, dispomos de um método chamado getSelectedValues() cujo tipo de retorno é uma matriz de cadeias de caracteres. Para recuperar um único valor, podemos utilizar novamente o método definido em Choice, ou seja, getSelectedItem().

5.8 DIFERENÇA ENTRE SWINGS E AWT:

Swings	AWT
Os Swings são os componentes mais leves.	Os AWTs são os componentes mais pesados.
Os Swings são desenvolvidos utilizando a linguagem Java pura.	Os AWTs são desenvolvidos utilizando C e C++.
Podemos ter um aspeto e uma sensação diferentes nos Swings.	Esta funcionalidade não está disponível na arte.
O Swing tem muitas funcionalidades avançadas como JTabel, JTabbedPane e JTree	Isto não está disponível na arte.

HIERARQUIA DE CLASSES JAVA SWING

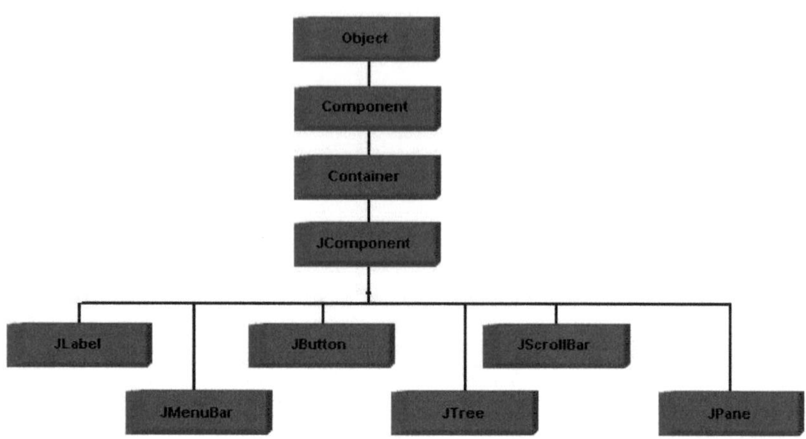

5.9 COMPONENTES DO BALOIÇO

Todos os componentes suportados pelo AWT são igualmente suportados no Swings, com uma ligeira alteração no nome da classe.

AWT Components	Swing Components
Label	JLabel
TextField	JTextField
TextArea	JTextArea
Choice	JComboBox
Checkbox	JCheckBox
List	JList
Button	JButton
-	JRadioButton
-	JPasswordField
-	JTable
-	JTree
-	JTabbedPane
MenuBar	JMenuBar
Menu	JMenu

MenuItem	JMenuItem
-	JFileChooser

Iremos abordar apenas os componentes que não são abordados no capítulo AWT.

Classe JTabbed Pane:

O local de armazenamento do JTabbed Pane permite que muitos painéis residam na mesma área da fronteira, e o utilizador pode selecionar qual deles ilustrar clicando numa etiqueta

Construtor

JTabbedPane tp = new JTabbedPane();

Adicionar separadores ao JTabbedPane

Adicione separadores a um painel com separadores chamando `addTab` e passando-lhe um título String e uma instância de uma classe que deve ser chamada quando premimos um separador. Essa classe deve ser uma subclasse de JPanel.

addTab("String",instance);

JMenuBar, JMenu, JMenuItem

Uma janela de nível superior pode ter uma barra de menus associada. Um bloco de menu apresenta um catálogo de opções de menu de nível superior. Cada escolha está associada a um menu pendente. Este conceito é implementado em Java pelas seguintes classes: JMenu Bar, JMenu, e JMenuItem. Em geral, uma barra de menu contém um ou mais objectos JMenu. Cada objeto JMenu contém uma lista de objectos JMenu Item. Cada objeto JMenu Item representa algo que pode ser selecionado pelo utilizador. Para criar uma barra de menus, comece por criar uma instância de JMenu Bar. Esta classe apenas define o construtor predefinido. Além disso, crie instâncias de JMenu que irão elaborar as selecções apresentadas na barra.

Abaixo mostra o construtor para Menu:

JMenu( )

JMenu(*nome da opção* String*)*

Aqui, a opção Nome especifica a seleção do menu. O primeiro formulário cria um menu vazio. Os itens de menu individuais são do tipo MenuItem. Define estes construtores:

JMenuItem( )

5.10 CÓDIGO DE AMOSTRA

CloudServer.java

```java
package com;

import javax.swing.JFrame;

import javax.swing.JLabel;

import javax.swing.JPanel;

import javax.swing.UIManager;

import java.awt.BorderLayout;

import java.awt.Dimension;

import java.awt.Color;

import java.awt.F ont;

import java.net.Socket;

import java.net.ServerSocket;

import javax.swing.JScrollPane;

import javax.swing.JTextArea;

public class CloudServer extends JFrame{

        JPanel p1,p2;

        JLabel l1;

        Font fl;

        String title = "Two-Factor Data Security Protection Mechanism for Cloud Storage
System".toUpperCase();

        RequestHandler thread;

        JScrollPane jsp;

        JTextArea area;

        ServerSocket server;

public void start(){

        try{
```

```java
                server = new ServerSocket(3333);

                area.append("Cloud Server Started\n");

                while(true){

                        Socket socket = server.accept();

                        socket.setKeepAlive(true);

                        thread = new RequestHandler(socket,area); thread.start();

                }

        }catch(Exception e){

                e.printStackTrace();

        }

}

public CloudServer(){

        super("Cloud Server Screen");

        fl = new Font("Times New ROMAN",Font.BOLD,14);

        pl = new JPanel();

        p1.setBackground(new Color(204, 110, 155));

        l1 = new

JLabel("<HTML><BODY><CENTER>"+title+"</CENTER></BODY></HTML>");

        l1.setForeground(Color.white);

        l1.setFont(new Font("Courier New",Font.BOLD,16));

        p1.add(l1);

        p2 = new JPanel();

        p2.setLayout(new BorderLayout());

        area = new JTextArea();

        area.setEditable(false);

        area.setLineWrap(true);

        area.setFont(fl);
```

```java
        jsp = new JScrollPane(area);

        p2.add(jsp,BorderLayout.CENTER);

        getContentPane().add(p1,BorderLayout.NORTH);

        getContentPane().add(p2,BorderLayout.CENTER);

}

public static void main(String a[])throws Exception{

        UIManager.setLookAndFeel(UIManager.getSystemLookAndFeelClassName());

        CloudServer cs = new CloudServer();

        cs.setVisible(true);

        cs.setExtendedState(JFrame.MAXIMIZED_BOTH);

        new CloudThread(cs);

}

}
```

DBCon.java

```java
package com;

import java.sql.Connection;

import java.sql .DriverManager;

import java.sql .PreparedStatement;

import java.sql .ResultSet;

import java.sql .Statement;

import java.util.ArrayList;

public class DBCon{

    private static Connection con;

public static Connection getCon()throws Exception {

    Class.forName("com.mysql.jdbc.Driver");

    con = DriverManager.getConnection("jdbc:mysql://localhost/twofactor","root","root"); return
    con;
```

```java
}
public static String register(String[] input)throws Exception{

    String msg="fail";

    con = getCon();

    Statement stmt=con.createStatement();

    ResultSet rs=stmt.executeQuery("select user from newuser where user='"+input[0]+ .. );

    if(rs.next()){

        msg = "Username already exist";

    }else{

                PreparedStatement stat=con.prepareStatement("insert into newuser
values(?,?,?,?,?)");

                stat.setString(1,input[0]);

                stat.setString(2,input[ 1]);

                stat.setString(3,input[2]);

stat.setString(4,input[3]);

                stat.setString(5,input[4]);

                int i=stat.executeUpdate();

                if(i > 0){

                        msg = "Registration process completed";

                }

    }

    return msg;

}
public static String login(String input[])throws Exception{

    String msg="fail";

    con = getCon();

    System.out.println(input[0]);
```

Statement stmt=con.createStatement();

ResultSet rs=stmt.executeQuery("select user from newuser where user='"+input[0]+"' && pass='"+input[1]+...);

if(rs.next()){

    msg = "success";

}

return msg;

}}}}

CAPÍTULO 6

TESTE

6.1 IMPLEMENTAÇÃO E TESTE:

A execução é uma das tarefas mais significativas do projeto e é o segmento em que se deve ser cauteloso, porque todos os esforços empreendidos durante o projeto serão muito interactivos. O trabalho é a fase mais crítica para se conseguir um sistema em expansão e para dar ao utilizador a confiança de que a nova organização é viável e eficaz. Cada programa é testado individualmente no momento do crescimento usando os dados de amostra e verificou-se que esses programas se ligam da maneira especificada na especificação do programa. O sistema informático e o seu ambiente são testados até à satisfação do utilizador.

IMPLEMENTAÇÃO

A fase de implementação é menos criativa do que a conceção do sistema. Diz respeito principalmente à formação dos utilizadores e à conversão dos ficheiros. O sistema pode exigir uma formação extensiva dos utilizadores. Os parâmetros iniciais do sistema devem ser modificados em resultado de uma programação. É fornecido um procedimento operacional simples para que o utilizador possa compreender as diferentes funções de forma clara e rápida.

Os diferentes relatórios podem ser obtidos numa impressora a jato de tinta ou matricial, que está à disposição do utilizador. O sistema proposto é muito fácil de implementar. Em geral, a implementação é utilizada para designar o processo de conversão de um projeto de sistema novo ou revisto num sistema operacional.

TESTE

O teste é o processo em que os dados de teste são preparados e utilizados para testar os módulos individualmente e, mais tarde, a validação dada aos campos. Em seguida, realiza-se o teste do sistema, que garante que todos os componentes do sistema funcionam como uma unidade. Os dados de teste devem ser escolhidos de forma a passarem por todas as condições possíveis. De facto, o teste é a situação de realização que visa garantir que a instalação do sistema é precisa e competente antes do início do processo real. Segue-se a descrição das estratégias de teste, que foram efectuadas durante o período de teste.

6.2 TESTE DO SISTEMA

Os testes tornaram-se uma parte integrante de qualquer sistema ou projeto, especialmente no domínio das tecnologias da informação. A importância dos testes como método de justificar se se está pronto para avançar, seja para verificar se se é capaz de suportar os rigores de uma situação específica, não pode ser subestimada e é por isso que os testes antes do desenvolvimento são tão críticos. Quando o software é desenvolvido, antes de ser entregue ao utilizador para ser utilizado, deve ser testado se está a resolver o objetivo para o qual foi desenvolvido. Este teste envolve vários tipos através dos quais se pode garantir que o software é fiável. O programa foi testado logicamente e o padrão de execução do programa para um conjunto de dados é repetido. Assim, o código foi verificado exaustivamente para todos os dados correctos possíveis e os resultados também foram verificados.

6.3 ENSAIO DE MÓDULOS

Para localizar os erros, cada módulo é testado individualmente. Isto permite-nos detetar o erro e corrigi-lo sem afetar os outros módulos. Sempre que o programa não satisfaz a função pretendida, deve ser corrigido para se obter o resultado pretendido. Assim, todos os módulos são testados individualmente, de baixo para cima, começando pelos módulos mais pequenos e mais baixos e prosseguindo para o nível seguinte. Cada módulo do sistema é testado separadamente. Por exemplo, o módulo de classificação de funções é testado separadamente.

Este módulo é testado com um trabalho diferente e o seu tempo de execução aproximado e o resultado do teste é comparado com os resultados que são preparados manualmente. A comparação mostra que o sistema proposto funciona de forma mais eficiente do que o sistema existente. Cada módulo do sistema é testado separadamente. Neste sistema, os módulos de classificação dos recursos e de programação dos trabalhos são testados separadamente e os resultados correspondentes são obtidos, o que reduz o tempo de espera do processo.

6.4 ENSAIOS DE INTEGRAÇÃO

Após o teste do módulo, é aplicado o teste de integração. Ao ligar os módulos, pode haver a possibilidade de ocorrerem erros, que são corrigidos através destes testes. Neste sistema, todos os módulos são ligados e testados. Os resultados dos testes são muito correctos. Assim, o mapeamento dos postos de trabalho com os recursos é feito corretamente pelo sistema.

6.5 ENSAIOS DE ACEITAÇÃO

Quando esse utilizador não encontrar problemas de maior com a sua precisão, o sistema passa por um teste de aceitação final. Este teste confirma que o sistema satisfaz as metas, os objectivos e os requisitos originais estabelecidos durante a análise, sem execução efectiva, o que elimina o desperdício de tempo e dinheiro dos testes de aceitação sobre os ombros dos utilizadores e da administração.

6.6 Casos de teste:

Caso de teste Id	Caso de teste Nome	Caso de teste Desc.	Etapas de teste			Teste Caso Estado	Teste Priori ty
			Etapa	Esperado	Atual		
Nuvem servidor 01	Servidor em nuvem iniciado	Para verificar se o servidor de nuvem foi iniciado ou não	Se o servidor não for iniciado	Não armazena quaisquer dados do utilizador	Armazena os dados do utilizador	Elevado	Elevado
Aplicação principal 02	Início da geração de chaves	Para verificar se a geração de chaves começa ou não	Se o servidor não for iniciado	Não fornece chaves	Fornece chaves ao utilizador	Elevado	Elevado
Aplicação USB 03	Servidor de pacotes USB iniciado	Para verificar Servidor de pacotes USB iniciado ou não	Se o servidor não for iniciado	Não prevê um pedido	Pedido veio	Elevado	Elevado
Registo 04	Registo do utilizador	Para obter autorização, o utilizador deve estar registado no sistema	Se um utilizador não quiser preencher um determinado campo	Preencher o campo vazio	O processo de registo está concluído	Elevado	Elevado
Iniciar sessão 05	Utilizador Iniciar sessão	Para verificar se o utilizador de login é válido ou não	Se introduzirmos a palavra-passe ou o nome de utilizador errados	Início de sessão inválido	Iniciar sessão com êxito	Elevado	Elevado
Carregar 06	Carregar ficheiro	Utilizador a carregar ficheiro para o servidor em nuvem	Se não foram carregados dados	Os detalhes das informações do ficheiro não são	Carregado com sucesso	Elevado	Elevado

				armazenados no servidor da nuvem			
Partilhar ficheiro 07	Partilhar as informações do ficheiro	Para verificar se tem ou não autorização de acesso	Suponho que não tem autorização de acesso	Não é possível descarregar os ficheiros	Podemos descarregar os ficheiros	Elevado	Elevado
Revogar 08	revogações	Para verificar se vai ou não selecionar e revogar um determinado utilizador	Se revogar qualquer utilizador	Ele não está a descarregar nenhum ficheiro e para remover a permissão de acesso	Para conceder a autorização de acesso	Medi um	Medi um
Descarregar 09	descarregar o ficheiro	Testar se o ficheiro fornecido existe ou não no servidor da nuvem	Se o ficheiro não estiver armazenado no servidor de nuvem	O ficheiro não pode ser descarregado pelo utilizador	Descarregar o ficheiro selecionado e armazenar a unidade D no sistema	Médio	Médio

CAPÍTULO 7

RESULTADOS E CAPTURAS DE ECRÃ

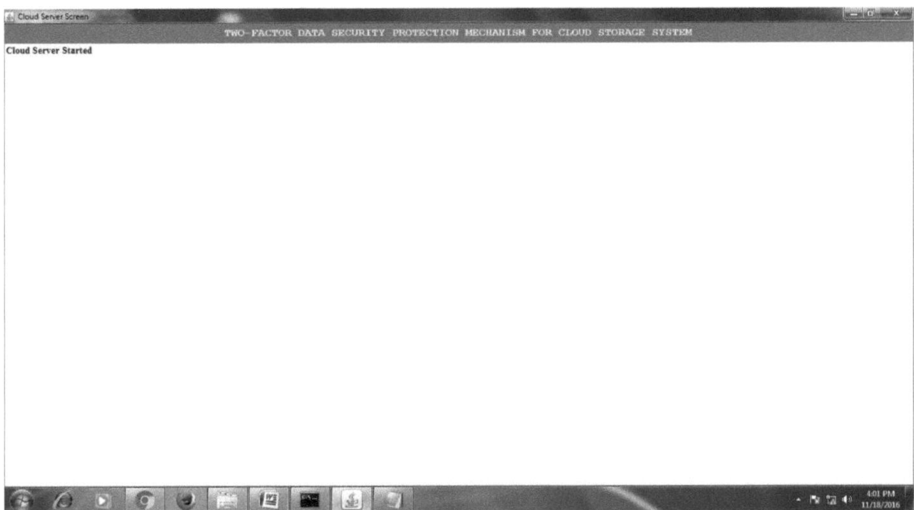

Fig 1:- Ecrã do servidor em nuvem

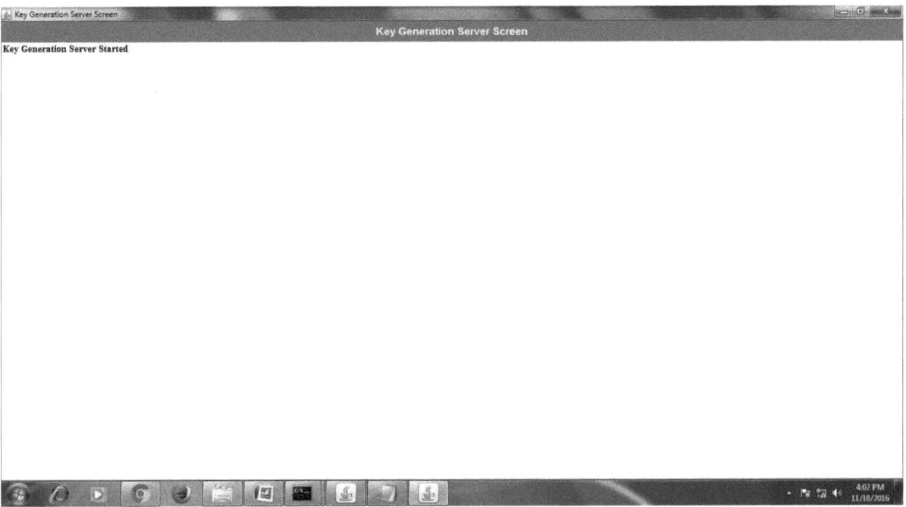

Fig 2:- Aplicação das chaves

(O primeiro fator é a sua chave secreta armazenada no computador)

Fig 3:- Aplicação USB

(O segundo fator é um dispositivo de segurança pessoal único que se liga ao computador)

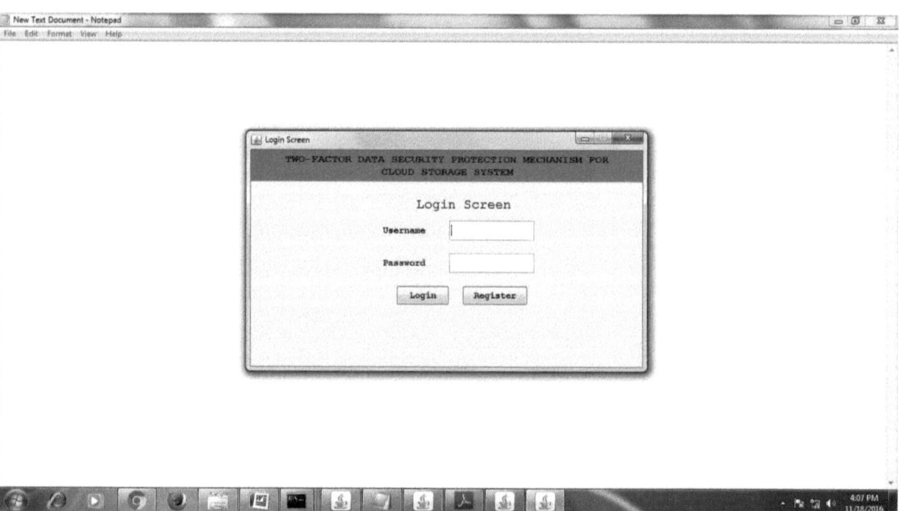

Fig 4:- Aplicação do utilizador

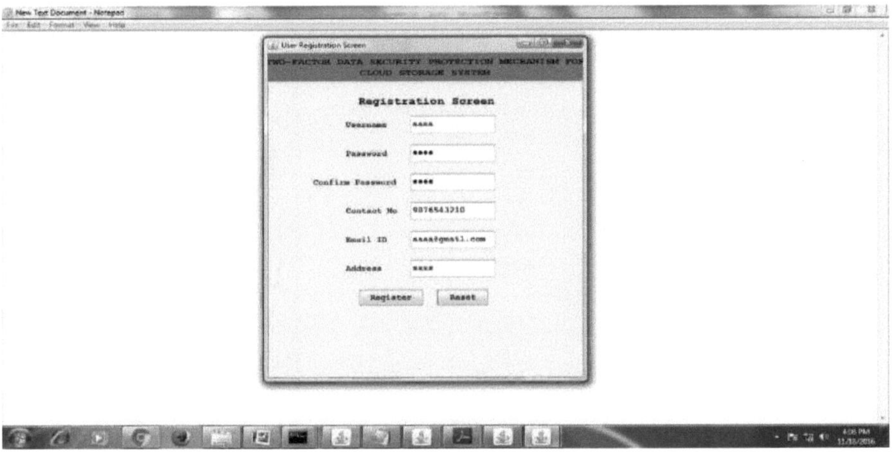

Fig 5:- Clique em registar para registar um novo utilizador

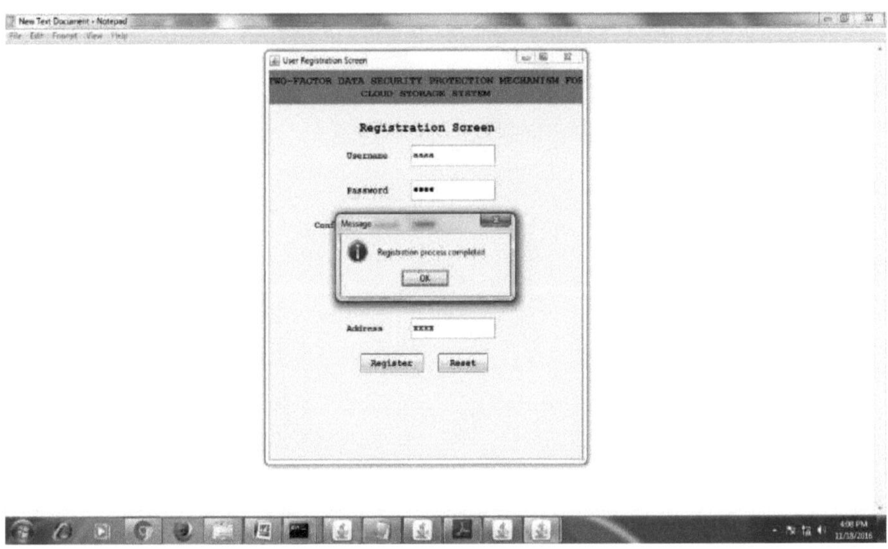

Fig 6:- Após o registo bem sucedido

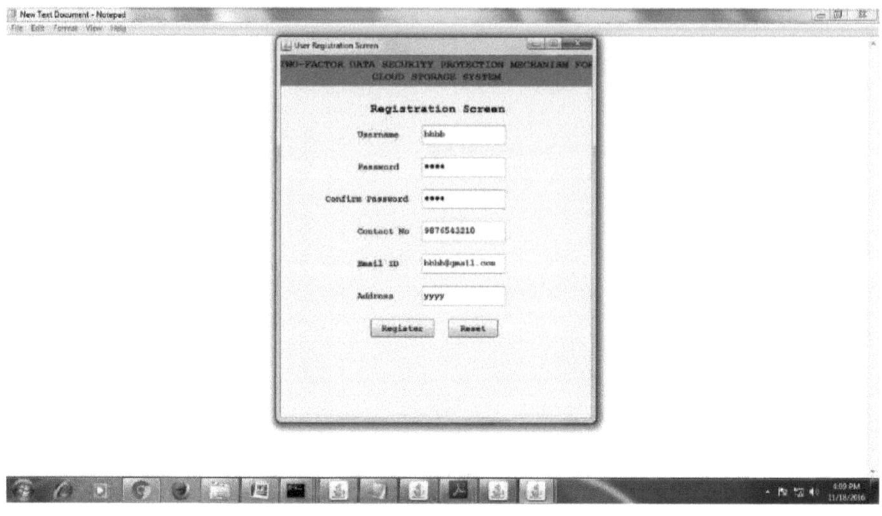

Fig 7:- Registo semelhante de mais 2 utilizadores

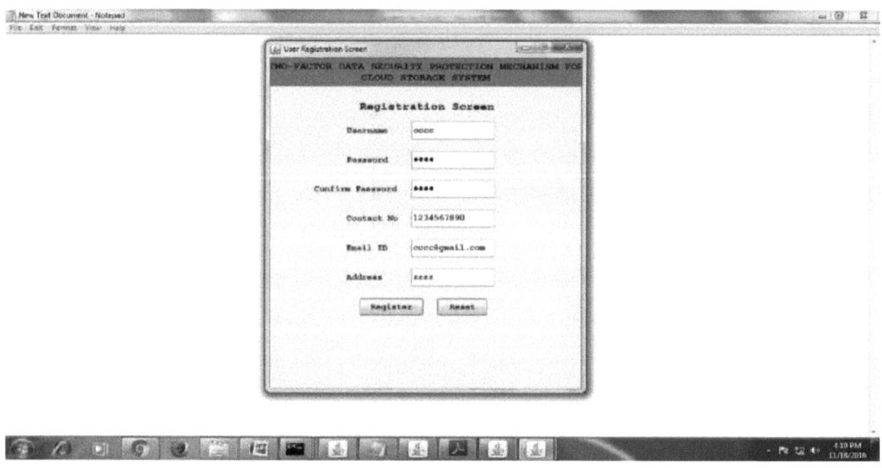

Fig 8:- Registar de forma semelhante mais 2 utilizadores

50

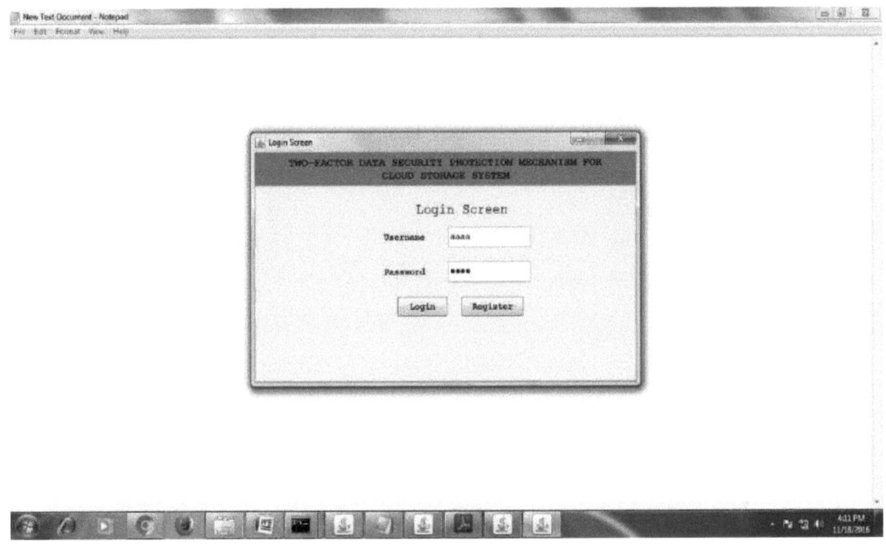

Fig 9:- Entrar como utilizador registado

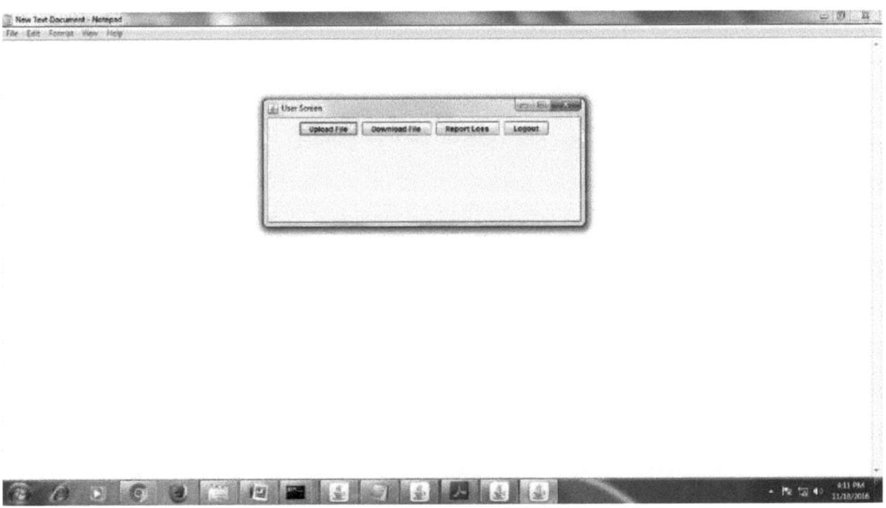

Fig 10:- Ecrã inicial do utilizador

Fig 11:- Clicar no botão carregar ficheiro, para carregar os ficheiros para o servidor da nuvem

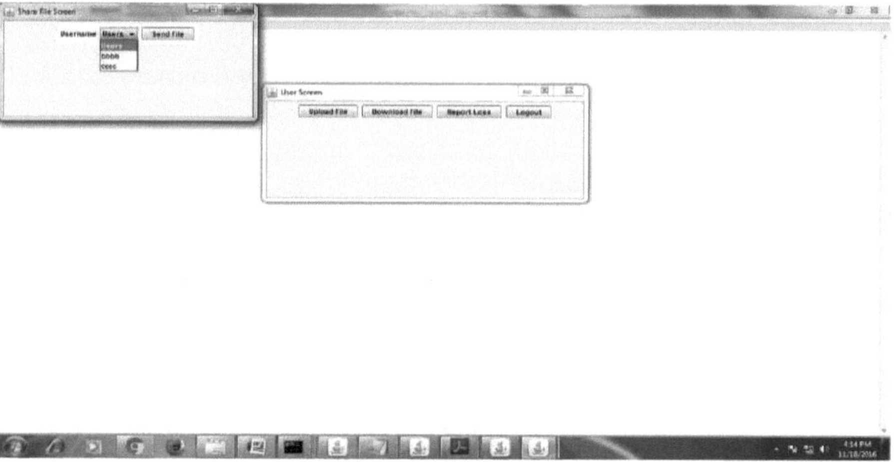

Fig. 12: - Ao carregar os dados para a nuvem, podemos criar a política de acesso para os utilizadores

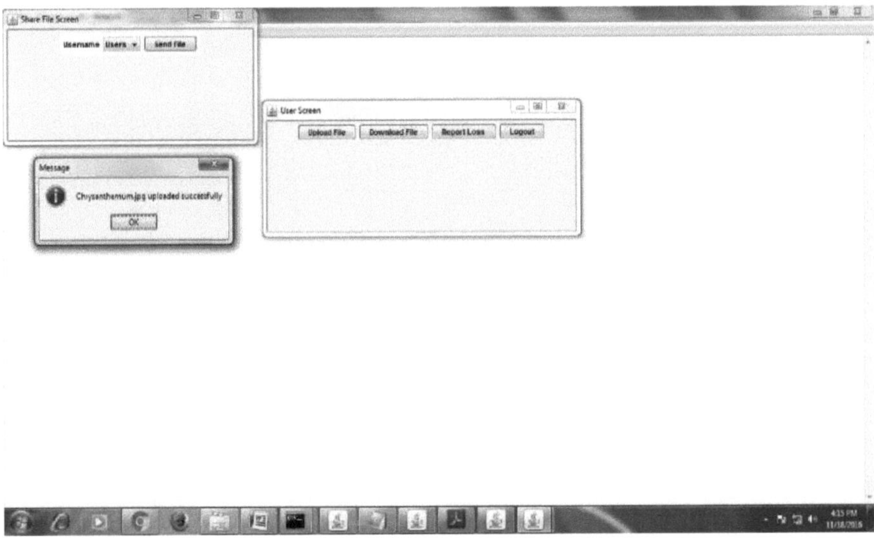

Fig 13:- Depois de carregar com sucesso o ficheiro para a nuvem

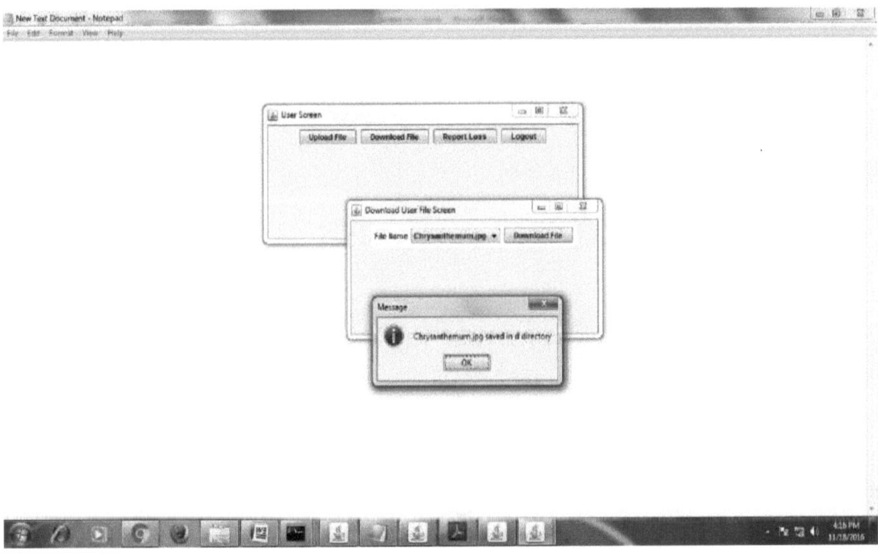

Fig 14:- O proprietário pode descarregar os dados, clicando no botão descarregar ficheiro

53

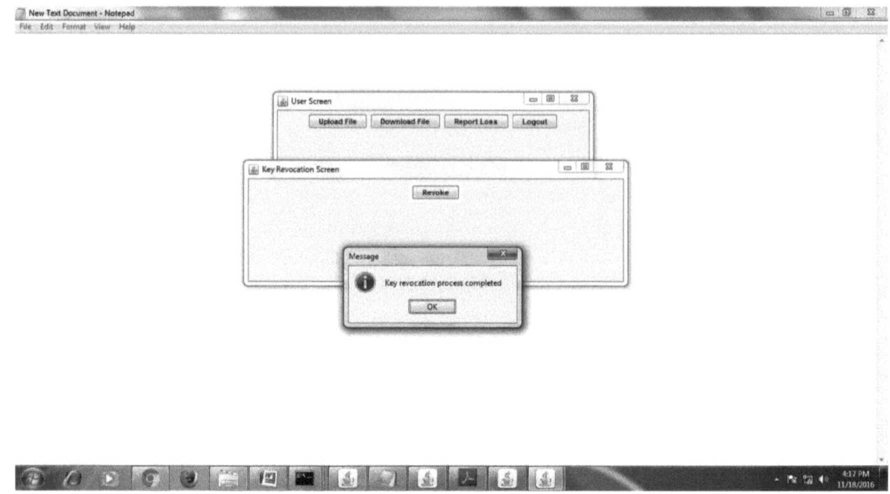

Fig. 15: - O proprietário/utilizador pode comunicar a perda do dispositivo se o perder, não poderá desencriptar os dados e depois de comunicar a perda do dispositivo

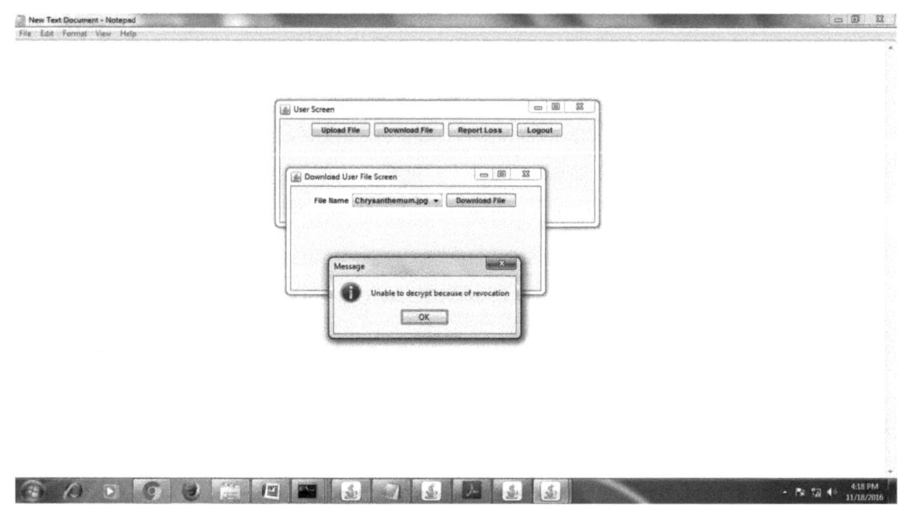

Fig 16:- Não é possível desencriptar os dados

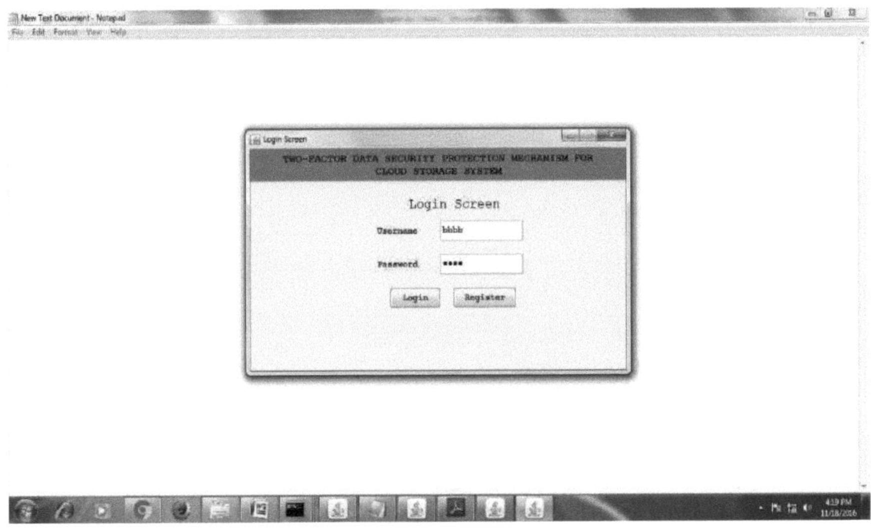

Fig 17:- Iniciar sessão como utilizador e tentar descarregar

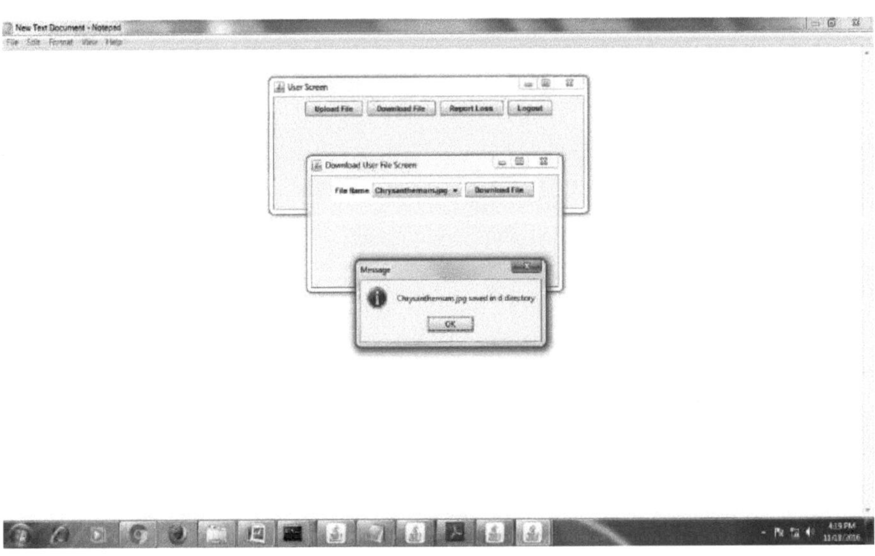

Fig 18:- Iniciar sessão como utilizador e tentar descarregar

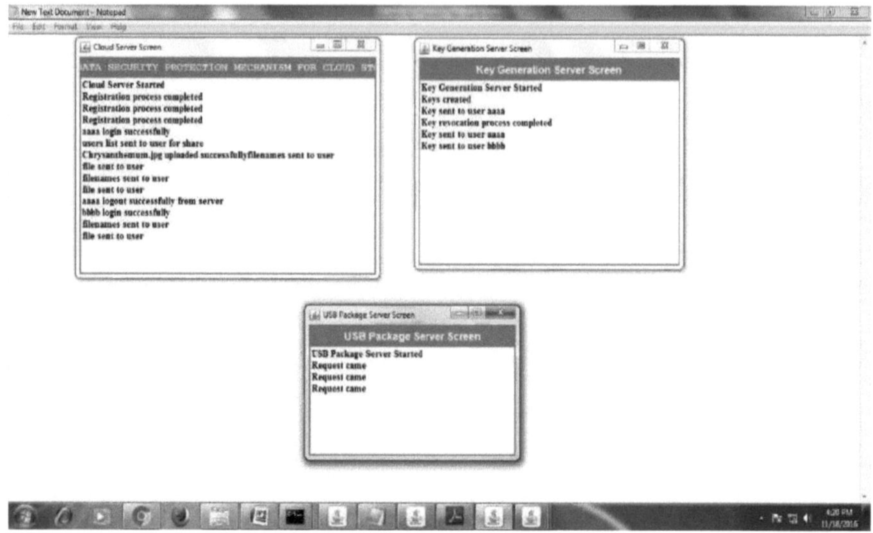

Fig 19:- O servidor na nuvem, o servidor Keys e o servidor USB

CAPÍTULO 8

CONCLUSÃO

Neste artigo, introduzimos um novo mecanismo de proteção de segurança de dados de dois factores para o sistema de armazenamento em nuvem, no qual um remetente de dados pode encriptar os dados apenas com conhecimento da individualidade de um recetor, enquanto o recetor tem de utilizar a sua chave secreta e um dispositivo de segurança para obter o direito de utilização dos dados. A nossa solução não só aumenta a confidencialidade dos dados, como também oferece a revogabilidade do dispositivo, de modo que, uma vez revogado o dispositivo, o texto cifrado correspondente será reestruturado repetidamente pelo servidor da nuvem, sem que o possuidor dos dados se aperceba. Para além disso, tornámos acessível a prova de segurança e a análise da eficiência do nosso sistema.

BIBLIOGRAFIA

[1] A. Akavia, S. Goldwasser, e V. Vaikuntanathan, "Simultaneous hardcore bits and cryptography against memory attacks," in Proc. 6th Theory Cryptography Conf., 2009, pp. 474-495.

[2] S. S. Al-Riyami e K. G. Paterson, "Certificateless public key cryptography," in Proc. 9th Int. Conf. Theory Appl. Cryptol, 2003, pp. 452-473.

[3] M. H. Au, J. K. Liu, W. Susilo, e T. H. Yuen, "Certificate based (linkable) ring signature," in Proc. Inf. Security Practice Experience Conf., 2007, pp. 79-92.

[4] M. H. Au, Y. Mu, J. Chen, D. S. Wong, J. K. Liu, e G. Yang, "Malicious KGC attacks in certificateless cryptography," in Proc. 2nd ACM Symp. Inf., Comput. Commun. Security, 2007, pp. 302-311.

[5] M. Blaze, G. Bleumer e M. Strauss, "Divertible protocols and atomic proxy cryptography", em Proc. Int. Conf. Theory Appl. Cryptographic Techn., 1998, pp. 127-144.

[6] A. Boldyreva, V. Goyal, e V. Kumar, "Identity-based encryption with efficient revocation," in Proc. ACM Conf. Comput. Commun. Security, 2008, pp. 417-426.

[7] D. Boneh, X. Ding, e G. Tsudik, "Fine-grained control of security capabilities," ACM Trans. Internet Techn., vol. 4, no. 1, pp. 60-82, 2004.

[8] D. Boneh e M. Franklin, "Identity-based encryption from the Weil pairing," in Proc. 21st Annu. Int. Cryptol. Conf., 2001, pp. 213-229.

[9] R. Canetti e S. Hohenberger, "Chosen-ciphertext secure proxy re-encryption," in Proc. ACM Conf. Comput. Commun. Security, 2007, pp. 185-194.

[10] H. C. H. Chen, Y. Hu, P. P. C. Lee e Y. Tang, "NCCloud: Um sistema de armazenamento baseado em codificação de rede em uma nuvem de nuvens", IEEE Trans. Comput., vol. 63, no. 1, pp. 31-44, Jan. 2014.

Printed by Books on Demand GmbH, Norderstedt / Germany